위대한 네트워커 ❶

The Greatest Networker in the World

지은이 | 존 밀튼 포그
옮긴이 | 이보경
개정판 발행일 | 2020년 09월 01일
펴낸곳 | 도서출판 용안미디어
주소 | (135-081) 서울시 강남구 역삼1동 696-25 영성빌딩
전화 | (010-6363-1110)
팩스 | (02)6442-7442
등록 | 제16-1436호
가격 | 8,800원

ISBN 89-86151-32-4 02320
파본은 바꾸어 드립니다

위대한 네트워커 ❶

The Greatest Networker in the World

존 밀튼 포그 지음

YONGAHN MEDIA

이보경

옮긴이 이보경은 1971년 부산에서 출생하여 동아대 영어영문학과를 졸업했고, 부산대 대학원 통·번역 전문과정을 졸업했으며, 현재 〈이미지 컨설팅〉에서 번역사로 활동하고 있다.

번역서로는 〈자연 건강 가이드〉, 〈열정적인 삶〉 등이 있다.

차 례

Story 01

끝

'나는 그 날 저녁을 절대 잊지 못할 것이다.'

그날 밤은 내가 세상에서 가장 위대한 네트워커를 처음 만난 날이다. 또한 내 인생이 완전히, 영원히 달라진 밤이기도 하다!(그이후, 성공한 수많은 네트워커들의 입에서도 이런 말을 들었다)

우선, 그때 당시 내 인생이 어떠했는지 먼저 이야기해야 할 것 같다.

나는 한 네트워크 마케팅 회사에서 넉 달 넘게 일을 하고 있었는데 별로 신통치가 않았다. 솔직히, 완전 파산에 가까웠다.

그런데 제품을 써 본 사람들은 누구나 품질과 기능에 만족해했다. 하지만, 아무리 열심히 해도 관심을 갖는 사람을 내 사업으로 끌어들일 수가 없었다.

나는 일주일에 30시간 '파트타임'으로 사업을 하고 있었다. 매일 저녁과 주말 대부분을 그 일에 매진했다. 그러나 결과는 고작, 한 달에 소매 이익으로 30만원에서 40만원 정도였다.

나는 너무 기가 막혀 그저 헛웃음만 나올 뿐이었다. "허허..."

소위 '미래 사업의 새 물결'인 네트워크 사업으로 나는 시간당 거금(?) 30만원를 벌고 있었던 것이다.

가족과의 생활은 그저 남남이나 다름없었다. 아내는 나와 너무나 멀어져 마치 알래스카에 살고 있다고 하는 편이 나았다.

분명, 이 네트워크 사업은 나에게 맞지 않았고 나 역시 이 사업에 맞지 않았다.

나는 마침내 결심했다. 이것이 내 마지막 미팅이 될 것이라고…

미팅 룸은 언제나 그랬듯이 사람들로 북적거렸다. 나는 룸 입구에 있는 한 사람 주변으로 사람들이 모여드는 것을 목격했다. 전에 만난 적이 있는 한 디스트리뷰터를 붙잡고 그 무리를 가리키며 물었다.

"사람들 틈에 둘러싸인 저 사람은 도대체 누구죠?"

"아, 저 사람은 위대한 네트워커 입니다."

"한번 만나 보시겠습니까?"

"물론이죠."

그녀가 나를 그 쪽으로 이끌었다.

가운데 서 있는 그 사람은 놀랄 정도로 미남이었다. 우아하면서도 결코 현란하지 않은 말쑥한 모습에 나이는 60대 초반으로 보였다. 그는 분명 성공한 사람이었고 자태나 차림새에서 그 모습이 잘 나타나 있었다.

그가 입고 있는 옷들은 고급스럽고 값비싼 것들이었다. 근사한 꽃무늬 넥타이, 양복 가슴 주머니에 꽂은 행커치프는 은근하면서도 이목을 끌기에 충분했으며 넥타이의 적포도주 꽃무늬 색과도 멋지게 어울렸다. 그리고 셔츠의 소맷부리 장식용 단추 밑으로 롤렉스 금시계가 살짝 드러나 보였다.

셔츠의 소맷부리에는 그의 이름 첫 글자가 새겨져 있었는데, 글자의 실색은 셔츠의 색과 정확히 일치하고 있었다. 눈에 잘 띄지 않으면서도 품격을 고려한 장인의 바늘 솜씨라는 생각이 들었다.

바로 그때, 그를 둘러싸고 있던 사람들 틈 사이로 내 동료가 나를 무리들 속으로 이끌었다.

위대한 네트워커는 내 앞에 서 있는 여자의 말을 경청하고 있었는데, 어느 순간 그와 나는 시선이 마주쳤다. 그는 여자의 어깨를 가볍게 토닥이며 잠시 실례한다. 말하고, 내 얼굴을 똑바로 보면서 내게 손을 내밀었다. 그의 손에서 느낄 수 있는 따스함과 강직함은 내게 설렘과 흥분을 던져 주었다.

"안녕하세요? 만나서 정말 반갑습니다."

그는 자신을 소개하고 내 이름을 물었다.

이런 경우, 나는 보통 내 소개를 자연스럽게 할 수 있었다. 그런데 이번에는 그렇게 할 수가 없었다. 나는 약간 머뭇거렸다. 아니, 사실 말을 더듬거렸다. 이런 일은 내가 직장생활을 시작한 후 25년 동안 경험하지 못한 일이었다.

그가 내 손을 더 강하게 잡으며 말했다.

"어떻게 지내십니까?"

나는 뭔가 의례적인 대답을 한 것 같다. 사실은 무슨 말을 했는지도 정확히 기억할 수가 없다.

아마, "잘 지냅니다."라는 말을 했을 것 같다.

그러자 그는 이렇게 물어 왔다.

"정말입니까, 사실인가요?"

그의 질문을 정중하게 피하려 하기도 전에 나도 모르게 내가 어떻게 지내는지 사실대로 말하고 있었다. 그는 내가 한 번도 경험한 적이 없는 그런 태도로 내 말에 귀를 기울이고 있었다. 그의 눈빛에서 진실로 귀담아 듣고 있다는 것을 느낄 수 있었다.

놀라운 일이었다.

나는 내 사업에 대해 얘기했으며 인생 얘기까지도 모두 남김없이 털어놓았다. 이것이 내 마지막 미팅이며 나는 네트워크 마케팅과 맞지 않는다고 말했다.

"아무래도 내가 할 일이 아닌 것 같습니다."

그는 미소 지었다. 대화를 나누는 내내 그가 내 손을 잡고 있었다는 사실을 나는 어느 순간 느낄 수 있었다. 그는 손을 꼭 쥐며 이렇게 물었다.

"미팅 후에 잠시 시간 좀 내 주시겠습니까?"

일단 "노우."라는 말과 함께 그에 대한 변명의 구실을 꺼내기도 전에 나는 이미 이렇게 말하고 있었다. "아유, 그럼요."

"아유……." 마치 오래간만에 만난 반가운 사람처럼 나는 그렇게 말했다.

그는 다시 미소 지으며 고맙다는 말을 했다. 그리고 미팅 후에 다시 시간을 갖자는 약속을 하고 조금 전 얘기를 나누던 그 여자와 무대 오른쪽 가까운 앞자리에 앉아 대화를 시작했다.

나는 전부터 내 자리가 되어 버린 뒷자리에 가서 앉았다. 뒤늦게 깨달은 일이지만 그 자리는 내 '안전지대'였던 것이다. 말하자면, 그 곳은 내가 숨는 곳이나 마찬가지였다.

미팅의 공식일정을 다 마치고, 새로 들어온 디스트리뷰터들과 그 스폰서들이 무리 지어 룸을 빠져나가자, 그는 시선을 끄는 따뜻한 미소를 지으며 나에게 다가왔다. 나는 그의 미소 지은 얼굴모습에 대해 이렇게 말했다.

"내가 당신의 그런 미소를 지을 줄 안다면 아마 난, 완벽한 제품을 갖게 될 것 같은데요. 아마 2주만에 부자가 될 것같습니다!"

그는 매우 큰소리로 호탕하게 웃었다. 그때, 남아 있던 모든 사람들의 시선이 우리 쪽을 향했다.

나는 매우 당황스러웠다.

"그거 참 멋진 말씀인데요!"

큰소리로 그가 말했다.

"칭찬, 고맙습니다! 사실 처음부터 그랬던 건 아니고요. 이 미소는 내가 혼신을 다해 공들여 만든 겁니다."

"이 미소는 내 자랑이죠."

그리고는 더 환한 미소를 보여 주었다.

"이렇게 미소 지으면 기분도 정말 좋습니다!"

"자, 갑시다."

그는 내 팔을 가볍게 당기며 문 쪽으로 발걸음을 옮겼다.

"커피나 한 잔 합시다. 저녁은 어떻게 하셨습니까?"

"예. 아래층 간이식당에서 간단히 먹었습니다."

"나도 거기서 간식을 먹었습니다. 그런데 음식 맛이나 서비스가 별로 좋지 않았어요. 그리고 가격도 비싼 편이었죠."

"거긴 사실 아주 실망스러운 식당입니다!"

그를 따라 웃으며 나도 동의했다.

그는 눈 깜짝할 사이에 내 기분을 완전히 바꾸어 놓았다. 그와 함께 있는 것은 기분 좋은 일이었다.

"뭘 가장 먹고 싶습니까?"

예전 같으면 공손하게 대답했을 것이다. 아마도 진짜 내가 먹고 싶은 음식이 아닌 일반적인 음식을 말이다.

그가 덧붙였다. "진심으로 묻는 겁니다. 지금 뭘 제일 먹고 싶습니까?"

나는 심호흡을 하고 대답했다.

"이태리 요리요."

"잘됐군요! 나도 그래요. 내가 좋아하는 곳으로 안내해도 될까요? 여기서 10분 거리밖에 안 되는데."

위대한 네트워커는 차가 앞쪽에 있으니 함께 타고 가자고 말했다. 나는 좋다고 했다.

* * *

위대한 네트워커는 어떤 차를 타고 다닐지 궁금했다. 아마 고급스럽고 아주 비싼 차라고 생각했다. 그런데 도어맨이 우리를 70년대 중반 픽업트럭같이 보이는 차로 안내하며 조수석 문을 열어주었다. 나는 의아스러웠다. 그건 그냥 회색 칠을 한 그런 차였다. 그 이상도 그 이하도 아닌….

내 얼굴에 나타난 실망스러운 표정을 보았는지 그가 웃으며 이렇게 물었다.

"뭔가 다른 걸 기대하신 것 같군요?"

"네, 그랬어요."

"뭘 기대하셨는데요?"

"모르겠습니다. 메르세데스, 포르쉐, 벤츠…. 아니면 롤스로이스 뭐 그런 거죠."

그의 큰 웃음소리가 호텔 입구를 맴돌며 울려 퍼졌다. 그는 입이 아니라 온몸으로 웃는 것 같았다. 도어맨도 같이 웃고 있었다.

"그래요, 그런 차도 가지고 있지만, 난 이 트럭이 제일 좋습니다. 아시다시피, 샘 월턴은 미국에서 손꼽히는 부자입니다. 보유한 재산이 어마어마하지요. 그래도 그는 픽업트럭을 타고 다닌답니다. 그게 그 사람에게 좋다면……."

나머지 말은 하지 않고 그냥 허공에 맴돌게 했다.

그가 도어맨에게 10달러짜리 한 장을 건네주자. 도어맨은 고맙다는 말과 함께 곧 다시 만나기를 바란다고 덧붙였다.

그는 갑자기 차를 멈추더니 마치 뭔가를 기억해 낸 듯, 그 도어맨에게 물었다.

"사업은 어떤가, 크리스?"

그 젊은 도어맨(대학생으로 보였다)이 대답했다.

"잘 됩니다. 선생님. 지난달에는 승급도 했어요. 저를 바바라에게 소개시켜 주셔서 감사드립니다. 그녀는 정말 최고예요."

"잘됐네, 크리스. 자네가 열심히 노력하고 똑똑하니까 성공할 자격이 있지. 앞으로 계획은 어떤가?"

그 젊은이는 잠시 생각에 잠기는 듯 하더니 대답했다.

"글쎄요. 이 호텔에 두세 달 더 있을까 해요. 이 호텔에 대한 선생님 생각이 옳았습니다." 호텔을 올려다보며 말했다.

"여기서 최고의 사람들을 만났습니다. 하고 싶은 여행도 했고요. 샌안토니오에서 활동하고 있는 멋진 사람들을 알고 있는데, 그곳에도 몇 달 가 있을까 생각 중입니다. 그리고… 글쎄요? 누가 압니까? 독일… 어쩌면 일본에 갈 수도 있겠죠?"

"일본에 가게 되면 연락 주게. 자네가 만나 보면 좋아할 사람들을 몇 명 소개시켜 줄 테니."

"네, 감사합니다. 연락드리겠습니다." 그 젊은이는 진심으로 대답했다.

"좋은 밤 되게, 크리스."

위대한 네트워커는 차를 몰고 이태리 식당으로 향했다.

* * *

우리는 식당으로 가는 차안에서 일상적인 이런 저런 얘기를 나누었다.

내가 어디 사는지…, 그 곳이 마음에 드는지… , 내 이웃이 어떤 사람들인지…, 내 집이 어떻게 생겼는지…, 아이들이 그 집을 좋아하는지… ,아이들 학교는 어떤지… 그런 것들을 물었다.

그의 질문이 의도적인 것은 아니었다. 그저 나에 대해 궁금하고 너무나 관심이 많은 것 같았다.

아주 편안한 마음으로 얘기를 나누었으며 누군가와 내 생활에 대해 그렇게 짧은 시간에 많은 이야기를 나눈 적이 없었던 것 같다.

식당에 도착하자, 제복을 입은 사람이 나와 우리를 따뜻하게 맞아주며 차 문을 열어 주었다. 그리고 나에게 이 식당에 처음 오셨냐고 물었다.

그는 만나게 되어 반갑고 즐거운 시간이 되 시길 바란다며, 생선 요리를 좋아하신다면 오늘의 특선 메뉴로 맛 좋고 근사한 도미 요리가 준비되어있으니 적극 추천해 드린다고 말했다.

나는 고맙다고 말했지만 왠지 어색한 느낌이 들었다. 일류식당인 이 곳 도어맨은 고사하고 그 누구에게도 그런 대접을 받는 것에 익숙하지 않았기 때문이다.

우리는 지배인과 함께 식당으로 들어갔는데, 위대한 네트워커와 그 지배인은 친한 친구처럼 보였다. 위대한 네트워커는 그곳 웨이터와 손님들에게 끊임없이 미소를 주고받으며 인사를 나누었다.

나는 자리에 앉으며 말했다.

"당신은 분명 나와는 다른 세상에 살고 있군요."

"어떻게요?"

"글쎄요. 모든 사람들이 미소 짓고, 따뜻하게 대해 주고… 모든 사람들이 친구인 것 같고 그들도 모두 당신을 친구처럼 좋아하는 것 같아요. 혹시 이 곳 주인이신 가요?"

그는 큰소리로 웃었으며 말했다.(나는 이제, 그 웃음에 조금은 익숙해지기 시작했다.)

"말해 보세요. 당신이 말씀하신 대로 사람들이 미소 짓고 친구처럼 대해 주는 것을 볼 때, 당신에게는 무엇이 있습니까?"

질문이 유별나기도 하지. 뭐가 있냐니.

"무슨 뜻이죠?"

"그러니까 지금 우리 주위에 숨 쉬는 공기가 있는 것처럼 당신에게는 어떤 것이 있습니까?"

나는 심호흡을 했다. 그리고 그의 유별난 질문에 이렇게 답변했다.

"난 부러움을 느낍니다. 궁금하기도 하구요. 어떻게 하면 나도 그렇게 살 수 있는지 알고 싶습니다."

"그럼 당신 인생이 정말 어땠으면 좋겠는지 말해 보시겠어요?"

그리고 두 시간이 넘는 시간동안 식사를 했다. 내가 태어나 경험한 최고의 식사였다.

그의 질문에는 예외 없이 이런 말들이 따라왔다.

"…그 부분에 대해 좀 더 얘기해주세요." 혹은 "… 좀 더 자세히 얘기해 줄 수 있겠어요?" 나는 그의 질문에 답변하는 시간이 대부분 이었다.

지금까지 그 누구에게도 심지어 내 아내에게도 이야기한 적 없는 그런 얘기들을 말이다!

그는 내 말을 제대로 이해하지 못했는지, 얘기하는 도중에도 수없이 질문을 던졌다. 하지만, 그의 질문에는 뭔가 독특한 것이 있었다. 왜냐하면 내가 결코 구체적으로 '이러 저러한' 것을 말하지 않았는데도 그는 '이러 저러한 것'이 사실이냐고 물었기 때문이다.

지금 얘기한 내용들이 무슨 말인지 분명치 않을 것 같아서 예를 하나 들어보겠다.

나는 그에게 매사추세츠 주 캠브리지의 한 컴퓨터 회사에 있었을 때 얘기를 하고 있었다. 사실, 그곳을 '회사'라고 부르는 것은 약간 부풀린 것이다. 컴퓨터 좀 한다는 사람 몇몇이 모여 일하고 있었다는 말이 옳을 것이다. ('해커' 사람들은 우리를 그렇게 불렀다.) 컴퓨터의 초창기 시절 장난삼아 손댄 것이었다.

내게는 그 일이 재미있었고 신나는 시절이었다. 같이 일 하는 사람들은 대단히 똑똑하고 호기심이 많은 사람들이었다.

위대한 네트워커가 물었다. "그러니까, 당신은 개척자군요?"

무슨 말인지 알겠는가?

"개척자요?"

"아뇨, 난 개척자는 아닙니다. 난 그냥 일을 즐기고 있었을 뿐인데요. 그 때는 컴퓨터 초창기였고 그걸 가지고 좀 놀았을 뿐입니다."

"전에 누가 그런 일을 한 사람이 있었나요?"

"아니요 없었습니다."

그러자 그가 다시 말했다.

"그러니까 당신은 개척자군요?"

나는 의아한 눈빛으로 그를 쳐다보았다. 그러자 그는 큰 소리를 내며 웃었다.

식당에 있던 사람들은 우리 쪽을 보며 가볍게 미소 짓고는 다시 그들의 대화로 돌아갔다. 아마도, 그들은 위대한 네트워커의 웃음에 익숙해져 있는 것 같았다.

나는 더듬거리며, "에에… 글쎄요, 그 당시에는… 개척자였던 것 같습니다. 어떤 면에서 보면 말이죠. …"

그는 약간 놀란 표정을 지으며 다음과 같이 말했다.

"그 당시에… ? 지금은 아니고요?"

내 말을 잘 못 알아들은 걸까? 나는 노여움과 조바심을 약간 드러내 보이며 말했다.

"좋습니다. 정 그렇게 말씀하신다면 그래요. 나는 개척자 맞아요. 하지만, 나는 개척자들이 흔히 타고 다녔던 포장을 씌운 그런 마차가 없어요."

그리고 그 순간 그가 무슨 말을 할 것인지 알 수 있었다. '탈 것'에 관한 말을 할 거라고 나는 확신했다. 그런데 그는 한마디도

세상에서 가장 위대한 네트워커

하지 않았다. 나는 당황스러웠다.

잠시 정적이 흐르고 마침내 그가 말했다.

"지금 무슨 생각을 하셨습니까?"

"언제요?" 나는 성급하게 되물었다.

"아니 잠깐만요? 언젠지 압니다. 그러니까, 아… 저… 잘 모르겠습니다. …이보세요, 도대체 무슨 얘기를 하려는 거죠? 당신은 지금껏, 어느 누가 물어 본 적도 얘기한 적도 없는 그런 질문들을 하시는군요. 기가 막히는 그런 질문들을요. 당신에게 무슨 말을 해야 할지… 아니 무슨 생각을 해야 할지 도무지 모르겠어요."

그는 아무 말도 하지 않고 내게 귀를 가까이하며 마치 내가 말하는 단어 하나라도 놓치지 않으려는 듯, 아주 흥미로운 표정을 지었다. 다음에 할 말들을 다 받아들인 것처럼 공감하는 표정을…

나는 내 몸에서 공기가 모두 빠져나가는 것 같은 느낌을 받았다. 그리고 내 가슴에 감정이 솟구쳐 오르는 것을 느꼈다. 거대한 감정. 아주 간절한 감정을… 난 갑자기 깊은 슬픔을 느꼈다.

"난 정말 성공하고 싶습니다."

감정어린 내 목소리는 떨리기까지 했다.

"정말이지 아무리 해도 똑같은 현실에 신물이 납니다. 하고 싶은 것을 할 수 없다는 게 말이죠.… 아내와 애들이 마땅히 누려야 할 것을 해 주고 싶은데… 난 애들을 디즈니 월드에 데려가고 싶어요. 그랜드 캐년에도요. 좀 자유롭고 싶습니다. 시간이 좀 있으면 좋겠어요. 내가 지배하는 삶, 창의적인 삶…. 그래요, 난 정말 다시 개척자가 되고 싶습니다. 그 때 그 일이 정말 좋았어요. 그런데 난 방법을 모르겠어요."

내 목소리는 거의 울음에 가까웠다.

"긍정적인 생각과 정신적 태도, 열정, 성공에 관한 온갖 얘기를 다 들어 봤습니다. 백 번 아니 천 번도 넘게요. 그런데 아무 소용이 없었습니다. 네트워크 마케팅은 내가 할 수 있는 일이 아닌 것 같아요. 아니, 내가 그 일에 안 맞는가 봐요. 아무래도 그런 것 같습니다."

"다른 사람들이 네트워크 사업을 하는 걸 봅니다. 많은 사람들이 하는 걸 보죠. 그래서 이 사업이 가능한 일이라는 것도 압니다. 그 사람들은 나보다 더 똑똑하지도, 더 잘나지도, 일을 더 열심히 하지도 않습니다. 나는 노력합니다. 정말로 노력을 많이 합니다. 만날 사람들 명단도 만들고… 전화도 합니다. 그런데 도저히 되질 않습니다. 난 도저히 이 사업을 할 수가 없을 것 같습니다."

"도대체 뭐가 잘못된 거죠?"

그는 머리를 뒤로 젖히며 천장을 올려다보았다. 어깨를 으쓱하더니 크고 길게 심호흡을 하고 시선을 내게 고정시켰다.

"내가 이 사업을 하는 방법을 보여 드리면 어떻겠습니까?"

"설마 농담은 아니시겠죠?"

"그렇게 해주신다면 정말 고맙지요!"

나는 흥분을 최대한 억제하면서 말했다.

"좋습니다."

"내일부터 시작할 겁니다."

그는 종이 한 장을 건네주며 이게 당신이 시작해야 할 일이라고 말했다. 종이에는 그의 주소가 적혀 있었다. 이 주소가 자신이 사는 곳이며 시내에서 60분 정도 시간이 걸린다고 말했다. 그리고 내일 오후 일을 마치고 집으로 오라고 했다. 내가 6시 30분쯤에 도착할 수 있을 거라고 말하자 좋다고 했다.

그는 가방 속에서 작은 꾸러미 하나를 꺼냈다. 번쩍거리는 짙은 황록색 종이로 포장된 그것은 크기나 모양으로 보아 책인 듯 했다.

"여기 있습니다. 이건 당신이 해야 할 숙제입니다. 내일 만나기 전까지 읽어 주시기 바랍니다. 할 수 있죠?"

"전부 다요?"

"네." 웃으며 덧붙였다. "걱정 마세요. 아주 빨리 읽을 수 있을 겁니다."

그는 저녁 식사 값을 계산하고 식당에 있던 모든 사람들에게 빠짐없이 인사를 했다. 나는 훌륭한 저녁식사를 같이하게 해주어서 정말 고맙다는 인사를 했다.

그는 미팅이 열렸던 호텔, 내 차가 주차되어 있는 곳까지 태워다 주었다. 호텔로 가는 동안 이번에는 내가 그의 동네, 그의 집, 그의 이웃 등 많은 것을 물어 보았다.

질문이 서너 개쯤 끝나자. 내 쪽을 보며 그가 미소 지었다.

"똑똑한데요. 빨리 배우시는군요."

나는 기분이 좋았다.

그는 작별 인사를 하고 트럭을 운전하여 내 차를 지나 집으로 향했다.

나는 그가 내 시야에서 사라진 후에도 오랫동안 그쪽을 바라보았다. 그리고 차 문을 열고 운전석에 앉아 키를 꽂고 시동을 걸며 멍하니 정면을 응시했다.

그 책! 갑자기 책 생각이 났다. 급하게 가방에서 그 책을 꺼냈다. 얇은 종이 포장지를 뜯고 제목을 보려고 가로등 쪽으로 올려 보았다. 거리의 희미한 가로등 불빛에도 두꺼운 금박 문자는 짙은 녹색 표지 위로 선명하게 드러나 보였다.

제목은 …

'*모르는 것을 모르는 것.*'

흥분과 기대를 안고 책장을 펼쳐 재빨리 넘겨보았다. 10쪽, 12쪽쯤 넘겼을 까! 뭔가 잘못된 느낌이 들었다.

글자가 하나도 없었다.

책의 모든 페이지는 완전히 비어 있었다.

세상에서 가장 위대한 네트워커

Story 02

진실을 말하다

그 다음날 시간은 정말이지 거북이가 기어가듯 너무나도 천천히 가는 것 같았다. 금요일…. 하긴 금요일은 언제나 시간이 더디 가기는 했지만 말이다.

오후 4시10분, 도저히 더 이상 참을 수가 없어서 사무실을 떠났다. 식당에서 그가 준 주소와 지도를 꺼내 들고 시내를 벗어나 북쪽으로 향했다.

1시간은 빠른 시간이었다. 길을 잃는다 해도 말이다. 뭐 어때! 책을 읽거나 테이프를 듣지 뭐. 그리고 나는 웃었다. 그가 준책에 대해 생각하면서…. '그래 그거야, 그 책을 읽어야지' 그렇게 혼잣말을 하고는 호탕하게 웃었다.

나는 10여분 정도 지나서 시내를 벗어나 교외로 접어들고 있었다. 그리고 20분이 지나자 녹색 물결과 흙빛 갈색 언덕의 전원 지역을 통과하고 있었다. 그곳은 마치 피크닉 때 쓰는 체크무늬 담요처럼 도시 북쪽 산악 지대까지 쭉 펼쳐져 있었다.

얼마나 멋진 날인가… 그 모습을 담아 엽서를 만들어도 좋을 만큼 눈부신 날이었다.

'오토바이 타기에 좋은 날씨 군.' 난 옛 추억을 떠올리며 오토바이 타던 시절을 생각했다.

하늘에 태양은 눈부시고 구름은 커다란 솜털 같았다. 나는 구름 모양을 보며 동물들을 연상해 보았다. 그리고 라디오를 틀고 무의식적으로 노래를 따라 흥얼거리며 내가 한 행동들을 생각했다.

'어떻게 내가 그런 행동들을 했지' 차안에 혼자 있으면서도 부끄러운 생각이 들었다.

'난 참 웃기는 인간이야'

레스토랑에서 호텔주차장으로 돌아오며 나눈 대화에서 그가 설명해준 그 집이 어떻게 생겼을지 상당히 궁금했다.

허클베리 레인으로 들어서자마자. 숲을 지나 연못너머 언덕 위로 집이 보이고 오른쪽으로는 네 개의 판자를 댄, 긴 회색 나무 울타리가 보이기 시작했다.

세상에서 가장 위대한 네트워커

나는 울타리 옆 도로 바깥쪽에 차를 세우고 그 집과 주변을 좀 더 살펴보기 위해 몸을 운전대위에 기댔다.

눈에 들어오는 그 집이 어떤 건축 양식인지 알 수는 없었지만, 아마 튜더 양식은 아닌 것 같았다.(튜더 양식은 목재가 지그재그로 교차되어 있다) 하지만 이건 뭐랄까, 영국식 건축양식이었다. 크지만 드러나게 위압적이지 않으면서도 분명히 당당해 보였다.

어쨌든 내가 이전에 본 그 어느 집과 비교해도 뭔가 특별한 것이 있었다. 〈건축 다이제스트(Architectural Digest)〉 잡지의 재규어나 롤스로이스 광고에서 보는 그런 집 같았다. 전형적인 대저택이었다.

저택 주변으로 많은 건물들이 있었는데, 그 중 하나는 분명 마구간이었다. 그 맞은편에는 따로따로 여닫게 되어 있는 상하 2단 문이 아주 많이 있었다. 그 옆에는 마치 저택을 축소시켜 만들어 놓은 듯 했는데, 손님들을 위한 게스트 하우스나 마차 차고인 것 같았다. 그리고 다른 건물도 몇 채 더 있었다.

모든 건물들은 울타리와 같은 회색 톤으로 칠을 하였고 건물 내부 목조 부는 조금 더 어두운 진회색 칠을 하였다. 그리고 건물외벽에는 담쟁이덩굴이 덮여 있었다.

주변은 여러 가지 나무들로 둘러싸여 있었는데 거대한 참나무,

단풍나무, 소나무… 모든 나무는 마치 영원히 그 자리에 서 있었던 것처럼 키가 컸다. 수많은 관목과 화원도 있었다.

한마디로 굉장했다!

사실 그 집은 내가 언제나 가졌으면 하고 늘 꿈에 그리던 그런 집이었다.

도로에서 오른쪽으로 숲이 있고 숲 속에는 상당히 많은 관목들이 거대한 나무들 틈에 섞여 있었다. 하지만 산책로는 모두 깔끔하게 손질되어 있었다.

집과 도로 사이 들판에서 풀을 뜯고 있는 말들이 있었는데 7, 8마리는 더돼 보였다. 잘생긴 그 말들은 생김새로 보아 순종인 듯했고 그 중 3마리는 회색 빛을 띠었다.

나는 말을 좋아한다. 특히 회색 털에 얼룩이 있는 말을. 그런 말을 갖는 것 역시 내 오랜 꿈이었다. 좀 더 가까이 보려고 차 밖으로 나왔다.

방목장 울타리 쪽으로 올라가 가장 가까이 있는 말을 향해 소리치자, 말 한 마리가 머리를 쳐들고 나를 보더니 곧장 내 쪽으로 달려오기 시작했다.

바로 그때, 한 사람이 말을 타고 근처 숲 속에서 천천히 내 쪽으로 다가오는 것을 보았다.

내가 불렀던 그 회색 암말과 그 위대한 네트워커가 동시에 내 쪽으로 오고 있었던 것이다.

"이런, 당신이 저 녀석의 주의를 끌었군요. 다른 사람한테는 절대 가까이 안 가는데, 저 녀석이 따르는 사람은 레베카뿐이죠."

위대한 네트워커가 유연하게 다리를 빙 돌려 안장에서 미끄러지듯 내려오며 말했다.

"어서 오세요. 한 시간 일찍 오셨군요."

"네 반갑습니다."

우리는 악수를 나누었다.

"그런데 약간 긴장되는군요."

그는 호탕하게 웃었다.

"정직하게 말해 줘서 고맙습니다. 그런데 뭐가 긴장되죠?"

"글쎄요." 그의 저택과 주변을 가리키며 내가 말했다.

"여긴 내가 금요일 오후에 자주올 수 있는 장소가 아닌 것 같군요. 여긴… 그러니까… 아, 집이 정말 대단합니다."

"네, 그렇군요." 나와 함께 감상하는 시선으로 집과 숲, 들판을 둘러보며 그가 대답했다.

내가 말을 이었다. "이런 집을 가지는 게, 내 꿈입니다. 말, 나무, 숲, 그리고 들판이 있는…."

"좋아요. 그럼 사시겠어요?"

"뭐라고요?" 나는 의아스럽다는 표정으로 말했다.

"당신에게 팔겠습니다." 여전히 자극하는 듯한, 그러면서도 부드럽게 마주하는 시선으로 내 눈을 똑바로 쳐다보며 말했다.

"현재로선, 내 예산 밖인 것 같은데요." 나는 다소 빈정거리는 어조로 대답했다.

"얼마에 팔겠다는 말은 한 기억이 없는데요. 내가 얘기 했나요?"

"아니오. 그런 말을 한 적은 없습니다." 나는 인정 했다

"그럼, 예산 내인지 아닌지 어떻게 알죠?

"좋아요. 가격이 얼마입니까? 나는 한숨을 쉬며 물었다.

"2백 60만 달러?" 그가 딱 잘라 말했다. "사고 싶습니까?"

"그만 하시죠!" 나는 화가 나기 시작했고 격양된 목소리로 말했다.

"이건 바보 같은 얘깁니다. 내가 그만한 돈이 없다는 걸, 잘 아실 텐데요!"

"나는 모릅니다. 그건 내가 물어 본 게 아니죠. 난 당신이 이 집을 사고 싶은 지 물어보았을 뿐입니다. 사고 싶습니까? 예스 입니까, 노우 입니까?"

"무의미한 얘기는 그만 합시다." 내가 말했다.

"나는 그게 얼마나 큰돈인지 감도 안 잡힙니다. 그런데 어떻게…"

그는 나를 진정시키려는 듯 잠시 두 손을 들어 몸짓을 했다.

나는 뺨이 붉어지는 것을 느낄 수 있었고 두 다리마저 떨리기 시작했다. 나는 금방이라도 싸울 것 같은 흥분된 기분이 솟아 올랐으며 한편으로는 겁도 났다.

"예스요, 노우요?" 그가 다시 물었다.

"내 집을 사고 싶습니까?"

"아니오. 말도 안 되는 소리 그만 합시다."

"말도 안 되는 얘기를 하는 게 아닙니다. 그건 바로 당신이죠! 가장 바보 같은 일은 진실을 말하지 않는 겁니다."

"뭐… 뭐라고요?" 머리끝까지 화가 치밀어 올랐다.

"당신은 지금 거짓말을 하고 있습니다." 엄중하게 그가 말했다.

그의 눈빛은 장난기가 있어 보이면서도 너무나 진지해 보였다. 그 순간 나는 현기증을 느꼈다.

그는 나를 살며시 잡으며 말했다.

"보세요. 내가 말하는 것이 맞는지 아닌지 말해 보십시오. 당신은 이 세상 누구보다도 이 집을 사고 싶어 합니다. 그러면 당신의 꿈이 이루어지도록 하십시오. 난 당신이 그만한 돈이 있는지를 물어 보는 것이 아닙니다. 난 단지 내 집을 사고 싶은지를 물어 보는 겁니다. 예스입니까, 노우입니까?"

"글쎄요, 그렇게 말한다면, 그래요. 이 집을 사고 싶습니다."

그러자, 그가 한숨을 쉬며 미소 지었다. 그리고 "나는 그렇게 말합니다!" 라고 그는 내가 한 말을 그대로 되받아 말했다.

"말해 보세요. 사람들의 질문에 대답하는 데 자주 어려움을 느끼십니까?"

"글쎄요…" 나는 머리를 흔들고는 입을 다물었다. 그리고 그의 얼굴에서 뭔가를 읽어 내려 애썼다. 그 얼굴 어딘가에서 정답을 찾길 바라며…

"정답은 없습니다." 마치 내 마음을 읽은 것처럼 그가 말했다. "바로 지금 그 질문에 대한 당신의 대답만이 있을 뿐입니다."

우리는 한동안 아무 말 없이 서로를 보고 있었다. 나는 그의 눈을 피하고 싶었지만 달리 시선을 둘 곳이 없었다.

잠시 후 그가 말했다.

"보세요. 당신과 나 서로 진실을 얘기합시다. 물론 당신에게는 어려울 거라 생각합니다. 당신은 상대방의 말을 듣지 않기 때문이죠. 아직은 말입니다. 당신이 듣는 내 말은 자기 자신에게 하는 말

세상에서 가장 위대한 네트워커

에 미화(美化)되니까요. 사실입니까?"

"네, 그래요."

그는 고개를 끄덕이더니 다시 내게 물었다.

"어젯밤 내가 준 책 읽었나요?"

무슨 말을 해야 할지 몰랐다. 아무 글자도 없는 책을 어떻게 읽을 수 있단 말인가?

"읽었습니까, 안 읽었습니까?"

"읽었습니다."

"그럼 어떻게 생각했습니까?"

"모르겠습니다."

"좋습니다! 그럼, 우리 집에 가서 이야기해 봅시다."

나는 몸을 돌려 마비된 듯 비틀거리며 차 있는 곳으로 걸어갔다. 무슨 얘기를 해야 할지 알 수가 없었다. 그 순간 나는 아무 생각도 하고 싶지 않았다. 내가 가는 곳만 바라보며…

Story 03

밝혀진 비밀

　가까이 가서보니, 집과 그 주변은 훨씬 더 인상적이었다. 모든 것이 그저 멋지다고 밖에 할 수 없었다.

　격식을 차리지 않은 자연스러운 정원. 부자들의 저택을 찍은 사진에서처럼 고급스럽거나 번쩍거리지는 않지만, 인간미가 묻어나는 평화로운 그런 느낌을 받을 수 있었다. 마치 그것을 증명이라도 하듯이, 포석(자연석을 깔은 도로)으로 된 도로를 걸어갈 때, 묶여 있던 개 세 마리가 반갑게 나를 맞아주었다.

　"저 녀석들한테 제대로 환영을 받으시는군요."

　본채를 따라 옆으로 죽 이어진 높은 돌담 입구를 지나면서 위대한 네트워커가 말했다.

"미스터 실버와 미세스 실버를 소개하죠." 그는 엄청나게 크고 잘 생긴 은회색 푸들 두 마리의 머리를 토닥거리며 말했다. 푸들의 곱슬곱슬한 털은 스포츠형으로 깔끔하게 손질돼 있었다.

"그리고 이놈은 더치스입니다." 이번에는 덩치가 작은 검은 개의 털을 어루만지며 그가 말했다. 그 개는 분명 보터 콜리 혈통이 역력해 보였다.

"더치는 우리 집에 온지 두 달밖에 안 됩니다."

그가 몸을 구부리자 신이 나서 마구 핥아 대는 더치는 너무나 작아서 마치 꼬리를 흔드는 게 아니라 온 몸을 '흔드는' 것 같았다.

"차에 치였던 것 같아요. 어디서 왔는지는 아무도 모릅니다. 우연히, 우리가 이 녀석을 입양하게 된 셈이죠."

"내 사무실로 갑시다." 그가 몸을 일으켜, 길에서 보았던 작은 집으로 앞장서 발걸음을 옮겼다.

"몇 년 동안 나는 집에서 일을 했습니다. 하지만 난 여기가 일하기 제일 좋은 곳이라고 생각해요. 내 '자택 사무실'과 집이 약간 분리되어 있기는 하지만 이렇게 서로 가까이 있다는 건 정말 좋은 거죠."

그의 사무실은 아늑하고 햇살이 환하게 비치며 사방에 식물들이 놓여 있었다. 격식이 없으면서도 편안하고 고상한 느낌이 들었다.

1층 입구 안쪽은 거실로 작은 마호가니 그랜드 피아노가 창문 바로 앞에 놓여 있었고 화로 가까이에는 속을 불룩하게 채운 긴 의자 두 개가 있었는데 아메리카 원주민 담요 같은 걸로 덮여 있었다. 그 긴 의자는 커피 테이블을 사이에 두고 서로 마주보고 있었으며 테이블 위에는 몇 권의 책이 깔끔하게 놓여 있었다. 한쪽 옆에는 어항 모양의 투명한 꽃병이 있었는데, 꽃병 속의 야생화가 마치 분수처럼 사방으로 퍼져 있었다.

널따란 나무 마룻바닥 위로는 갖가지 색상의 동양 양탄자가 깔려 있고 커다란 이중 여닫이문을 열면 오른 쪽으로 약간 작은방이 있는데, 엄청나게 크고 값비싼 책상이 방 한가운데 덩그러니 놓여 있었다.

옆 두 개의 방에는 책이 가득한 책장과 그림이 가득 차 있었다. 나는 살아오면서 가정집에 그렇게 많은 책이 있는 것은 처음 보았다.

"책이 좀 많군요."

"네." 천 권은 족히 넘을 것 같은 책을 둘러보면서 그가 답했다.

"난 책을 사랑합니다. 모든 종류의 정보를 사랑하죠. 당신은 어떠세요?"

"정보요?" 흥미로운 표현이었다. "물론입니다."

"그럼 얘기해 보십시오. 어제 밤 내가 읽으라고 준책에 대해 어떻게 생각하십니까?"

"모르는 것을 모르는 것, 말씀이십니까?"

"네, 바로 그 책 말입니다. 내가 읽어 본 책 중에서는 그 책이 가장 중요한 책이었습니다." 그가 소파에 앉으면서 말했다.

나는 그의 표정을 이해하려고 얼굴을 살폈지만 그가 농담을 하는 것인지, 아니면 나를 가지고 노는 것인지 알 수가 없었다.

그는 눈을 크게 뜨고 나를 똑바로 쳐다보고 있었다. 무표정하게…

나는 소파에 앉으면서 말했다. "글쎄요… 난 모르겠습니다."

"좋아요, 아주 좋습니다." 그가 말했다.

나는 정말이지 뭔가 심오한 말을 하고 싶었다. 그에게 뭔가… 그 뭔가를… 보여 줄만 한 그런 말을 말이다. 하지만, 아무 말도 하지 못했다.

"해 주고 싶은 이야기가 하나 있는데…, 들어보시겠습니까?" 그가 말했다.

"물론이죠."

"아주 오래 전, 일본에서는 수도승 사이에 학덕이 높은 고승들의 가르침을 찾아 수도원마다 여행하는 관습이 있었습니다.

관습에 따라 수도원의 고승은 찾아온 손님에게 차를 대접하고 얘기를 나누곤 했습니다.

한 젊은 수도승이 있었는데 그는 특별히 뛰어난 수도승이었답니다. 사실, 그는 너무나 뛰어나서 자기보다 못한 고승들에게 자신을 노련함과 대단한 지성을 과시하는 것으로 어느 정도 이력을 쌓고 있었습니다.

그러던 어느 날, 그는 일본에서 가장 신성한 사원에 딸린 매우 유명한 수도원을 찾아갔습니다. 그곳의 고승은 나이가 많고 또 대단히 지혜로운 사람이었습니다.

그 젊은 수도승은 자신을 제자로 받아들여 주기를 기대하며 그 위대한 고승에게 만나 줄 것을 간청했습니다. 그 젊은 수도승은 곧바로 고승의 방으로 안내되었습니다. 이것은 극히 이례적인 일이었고 젊은 수도승은 대단히 기분이 우쭐해졌습니다. (그의 명성은 그 고승보다 높았다) 두 스님은 서로 인사를 나누었습니다.

그들은 다다미 매트를 깐 바닥에 나지막한 탁자를 마주하고 앉아 얘기를 시작했습니다.

그 젊은이는 그에게 지금까지의 여행, 자신이 들었던 많은 가르침. 진리를 추구하면서 그가 자신의 우월감을 한껏 과시해 보였던 숱한 수도승들과의 만남에 대해 얘기를 했습니다. 대단히 인상적인 이야기였죠. 그 고승은 골똘히 귀 기울여 들으면서 그의 재치와 지성에 대해 여러 번 칭찬을 했습니다. 그리고 차 주전자와 찻잔이 방안에 들어오자, 고승이 차를 따르기 시작했습니다. 그때, 그 젊은 수도승이 이렇게 말했습니다. "여기 머물면서 스승님과 공부하고 싶습니다. 다른 곳에서와는 달리 이곳의 스승님께서는 저에게 많은 것을 가르쳐 주실 수 있을 것 같은 생각이듭니다."

그런데 갑자기 얘기를 하던 그 젊은 수도승이 고통스러운 표정과 소리를 지르며 자리에서 벌떡 일어나 옷자락을 흔들면서 이리저리 날뛰었습니다. 끓는 듯 뜨거운 차가 그의 무릎 위에 흘러 넘쳤던 것입니다.

"고승은 조용히 앉아 계속 차를 따랐고 차는 그 수도승의 작은 잔을 넘어 탁자 위를 지나 앉아 있던 바닥으로 계속 흘러 내렸습니다.'

"무슨 짓입니까." 그 젊은 수도승이 다그치듯 물었습니다. "난 데었어요! 그만 하십시오! 잔이 넘치고 있지 않습니까!"

세상에서 가장 위대한 네트워커

"떠나도록 하시게 젊은이. 자네에게 가르칠게 아무 것도 없다네. 자네 잔은 이미 가득 차 있어⋯ 이미 아는 것과 자신이 모른다고 생각하는 것으로 넘치고 있네. 자네 잔이 텅 비어 내가 주는 것을 받을 준비가 되었을 때 다시 오게나."

우리는 한참 동안 말없이 앉아 있었다.

생각해 보면 그렇게 오랫동안 머릿속에 아무 생각 없이 있기는 처음이었다.

나는 더 이상 스스로에게 속삭이는 것을 그만두기로 결심했다.

마침내 그가 말문을 열었다.

"네트워크 마케팅에서 정말로 성공하고 싶으시나요?"

"네."

"당신은 이 사업을 어떻게 하는지에 대해 어느 정도는 알고 있습니다. 사실입니까?"

"네."

"이 사업을 어떻게 해야 하는지 알지 못하는 게 많이 있다는 사실도 알고 있죠. 맞습니까?"

"네."

그는 의자에서 등을 떼고 약간 일어나 앉으며 나를 똑바로 마주보았다. 그리고 조심스럽게 목청을 가다듬으며 다음 생각을 말했다.

"당신이 지금 아는 것과 당신이 모른다고 생각하는 것은 아무 것도 없었습니다. 그것이 당신이 원하는 성공을 만들어 내는데 도움이 될 겁니다."

그는 잠시 멈췄다가 다시 계속했다.

"성공하는 열쇠는 자신이 모르는 것을 모르는 것에 있습니다. 이해하시겠습니까?"

"아니오." 난 솔직하게 말했다. "무슨 말을 하는지 전혀 모르겠습니다. 내가 모른다는 것조차 모르는 것을 어떻게 안다는 말입니까?"

"물론 알 수 없죠. 그것이 바로 비밀입니다."

Story 04

은막

시계를 보았을 때는 새벽 1시가 조금 지난 시각이었다. 우리는 거의 6시간 반 동안 얘기를 나눈 것이다. 실은 나 혼자 얘기를 다 한 거나 다름없었다. 그는 처음 만났을 때처럼, 내게 질문하고 질문하고 또 질문했다.

네트워크 사업에 대해서는 거의 아니 전혀 얘기하지 않았다. 모든 대화는 나에 관한 것, 내 과거, 현재. 그리고 미래에 대한 것이었다. 그리고 재미있는 것은 평소에 늘 시계를 보던 내가 시간 가는 줄을 몰랐다는 것이다.

그리고 나는 무한한 평화로움과 자유를 느꼈다. 몸이 가벼워지고 육체적으로 젊어진 것 같은 느낌이 들었다. 오랫동안 경험하지 못한 느낌이었다.

내가 처한 현실에 대한 모든 걱정과 불안, 그리고 미래에 대한 의심은 완전히 사라져 버린 것 같았다. 훨씬 더 긍정적인 느낌, 훨훨 날아갈 것 같은 희망적인 느낌이 들었다.

우리가 나눈 대화중에 결코 잊지 못할 두 가지가 있다. 내 '가치'와 '삶의 목적'에 대한 얘기가 바로 그것이다.

이야기를 하는 내내, 그는 이러저러한 것이 내 가치인지 물었다. 처음에 그런 질문은 나를 어리둥절하게 만들었으며 무슨 말을 하는 건지 잘 몰랐다.

그가 '가치'라는 용어를 사용할 때, 가치란, 내게 가장 중요하고 가장 본질적인 것과 관련 있는 것이라고 설명해 주었다. 그리고 그는 '성공'을 예로 들었다.

성공은 분명 내 중요한 가치 중에 하나였다.

"성공은 당신에게 무엇을 의미합니까?"

"아시겠지만…"

"아니오, 모르겠는데요." 그러자 그는 이렇게 말했다.

"성공이 당신에게 어떤 의미인지는 당신 외에 아무도 모릅니다. 당신에게 내가 말할 수 있는 것은 내가 생각하는 당신의 성공에 대한 의미일 것이고 '내가 관심을 두는 것은' 내가 생각하는 것이

세상에서 가장 위대한 네트워커

아니라, 당신이 생각하는 것입니다."

"그렇지!" 나는 심호흡을 하고 내 성공의 의미를 설명했다. 설명을 마치자 그는 내가 한 말을 다시 요약해 주었다.

"그러니까 당신에게 있어 성공은 당신의 소망과 꿈대로 살 수 있다는 걸 의미한다는 말이군요."

나는 동의했다.

"그러면 성공은 당신에게 무엇을 가져다줍니까?" 그가 물었다.

나는 잠시 생각한 후에 이렇게 말했다.

"자유"

"좋습니다. 가치는 항상 짝을 이루게 됩니다. 하나는 다른 하나의 실현을 가능케 하죠. 한쪽만으로는 불완전합니다."

"잠깐만요." 나는 그의 말을 중단시켰다. "항상 그런 건가요? 왜 짝을 이루는 거죠?" 성급하게 덤비는 것 같아 좀 부끄러웠다. 실제로 얼굴이 붉어졌다. "아, 짝을 이루는 것을 설명하려던 참이었나요. 죄송합니다!" 나는 사과했다. 내가 그렇게 말을 자른 것이 그에게는 너무나 재미있었던 것 같았다.

"멋진 질문입니다!" 그는 환하게 미소 지었다. "다른 얘기로 답을 대신하죠. 신은 왜 노아에게 방주(인간세상을 벌하려는 하느님의 계시를 받고 만든 구원의 거대한 배)에 모든 생물들을 종류대로 암수 한쌍씩 실으라고 했을까요?"

내 얼굴에 나타난 어리둥절한 표정이 꽤나 우스웠던가 보다. 내 표정을 보고 그의 트레이드마크가 되어 버린 커다란 웃음을 또 한 번 쏟아냈다.

"아하하!… 예가 하나 더 필요한 것 같군요. 그러니까 좀 더 실질적인 걸로 말이죠?"

싱글거리며 그가 계속 말했다.

"눈이 왜 두 개인지 아십니까?"

"초점이 두 개니까… 깊이를 지각하기 위해?" 학교에서 배운 기억을 더듬어 나는 그렇게 대답했다.

"그렇죠! 아주 좋습니다. 사실 두 개가 필요할 것 같지 않죠? 한쪽 눈만으로도 얼마든지 잘 볼 수 있을 것 같기도 합니다. 하지만 둘이 짝을 이루어 작용하면 깊이의 지각력을 더해 줍니다." 여기서 그는 강조하는 손짓을 해 보였다. "한쪽 눈이 다른 눈의 시력을 고정시켜 줍니다. 기준점을 주는 거죠."

"당신의 가치도 마찬가지입니다. 하나가 다른 하나를 뒷받침해 주어야 되는 거죠. 그렇게 할 때 그것은 당신의 시력을 '깊이 있게' 작용하도록 합니다."

나는 그 말의 의도를 어느 정도 알 수 있었지만 그가 무슨 말을 하는 것인지 정확하게 이해하지는 못했다. 그래서 나는 내 얼굴에 난감한 표정을 내비쳤다. 그러자 그는 다음과 같이 말했다.

"뭐, 괜찮습니다. 당신이 내게 한 말을 생각해 보세요. 당신에게 있어 '성공'과 '자유'가 얼마나 밀접한 관계를 이루고 있는지 알겠습니까?"

나는 그렇다고 대답했다. 내 삶이 얼마나 갇혀 있는 느낌이었는지… 성공하지 못해서 내가 얼마나 죄인 같은 기분이 들었는지… 그에게 말한 기억이 났다.

"그러니까 당신에게 '성공'은 '자유'를 표현하게 하는 것이라 말할 수 있겠군요. 하나가 다른 하나에 기준점을 제시해 주고 그 존재가 성립할 수 있는 환경을 제공해 주는 것이라는 말이죠."

"그래요, 둘은 함께 작용하는 것 같아요." 이제 그가 무슨 말을 하는지 감 잡을 수 있을 것 같았다. 그것은 마치 '시력'을 다시 찾은 것 같은 그런 느낌이었다.

"당신은 인생의 모든 부분에 대해서 어느 정도 속박 당하고 있다고 느끼는 것 같습니다. 그렇게 느끼는 것은 당신의 성공과 자유에 대한 가치들이 존중받지 못하고 있기 때문입니다."

나는 얘기를 계속 들으면서 서로 짝을 이루는 내 가치를 더 발견하게 되었다. 그것은 감사와 인정, 모험과 재미, 의사소통과 그

힘, 봉사와 기여, 파트너십과 리더십, 관계와 친밀함, 그 외에도 많이 있었다. 이런 것들은 무엇보다도 인생에 있어서 중요한 요소라는 것을 깨달았다.

그리고 그가 물었다.

"당신 삶의 목적은 무엇입니까?"

그것은 여태껏 사람들이 내게 질문한 것 중 가장 '엄청난' 질문이었다. 내 삶의 목적이 무엇이었지?… 뭐라 해야 할지 알 수 없어서 그냥 모르겠다고 말했다. 그러자 그가 말했다.

"뭔가 알고 싶은 것이 있는데 아직 확실히 이해를 못했을 때, 내가 하는 게임이 있습니다. 같이 한번 해 보시겠습니까?."

"네, 좋습니다. 어떻게 하면 되나요."

그는 눈을 감고 등을 똑바로 세우고 앉아 손을 무릎 위에 편안히 놓은 다음, 천천히 길게 심호흡을 두세 번하고 최대한 편안한 자세를 가다듬으라고 했다.

나는 그가 지시하는 대로 따라했다. 그리고 그는 다음 단계로 이끌었다.

"이제, 상상력을 이용하십시오. 극장 앞에 서 있다고 생각하십시오. 밖에는 거대한 군중들이 극장 안으로 들어가기 위해 기다리고 있습니다.

당신은 극장의 큰 포스터를 올려다봅니다. 거기에는 아주 큰 글씨로 당신 이름이 쓰여 있는데, 이렇게 쓰여 있습니다. '믿을 수 없는 삶의 진실 스토리' 그리고 극장 안으로 들어가 자리에 앉습니다.

불빛이 어두워지고 음향 소리가 커지며 스크린 위로 영화가 시작되는 상상을 하십시오."

그리고 그는 스크린에서 내가 상상하는 모든 장면을 얘기하라고 했다. 영화 속에서 무슨 일이 벌어지고 있는지 계속 질문했고 내가 스크린을 통해서 보는 사건과 사람들에 대해 자세하게 얘기하라고 지시했다.

한참 후에, 그는 더 이상 질문을 하지 않고 조용히 앉아 있었다. 그 동안 나는 내 인생의 영화가 눈앞에서 생생히 진행되는 것을 지켜보았다.

눈을 뜨기까지 얼마의 시간이 흘렀는지 모르겠다. 내가 눈을 뜨자, 그는 조용히 앉아 나를 향해 미소 지으며 물었다.

"자, 어땠습니까?"

"굉장했어요! 내 평생 한 번도 그런 경험을 해 본 적이 없었습니다."

"좋습니다. 무슨 일이 일어났나요?"

나는 내가 보았던 수많은 장면들을 묘사해 주었다. 재미있는 장면, 슬펐던 몇몇 장면(내 성장 시절), 그리고 이 영화가 아니고서는 결코 해보지 못했던 수많은 일들….

나는 기립 박수를 보내는 수많은 사람들 앞에서 상을 받고 있었다. 내 얘기에 무한한 감동을 받은 사람들 앞에서 무엇인가를 강의하는 모습도 있었다. 나는 책도 출판했다. 한국, 일본, 중국, 스위스 같은 아주 먼 이국 땅을 여행하는 장면도 수없이 많았다. 어찌나 색다르고 놀라운 일들이 있었는지 정말 눈이 부셨다!

"어떻게 끝났죠?" 그가 물었다.

"끝이 재미있었어요. 바로 여기, 이 방에서 끝났어요. 하지만 당신이 있는 그 자리에는 당신이 아니라 내가 앉아 있었습니다. 그리고 지금 내가 앉아 있는 자리에는 젊은 여자가 있었어요. 나는 그녀에게 인생의 목적에 대해 묻고 있었습니다."

그는 눈을 감았고 한동안 우리는 아무 말 없이 앉아 있었다.

잠시 후 눈을 뜨고 나를 바라보며 머리를 끄덕이더니 다시 물었다.

"그럼, 당신 삶의 목적은 무엇입니까?"

"가르치는 것입니다. 그리고 책을 쓰는 겁니다. 성공하는 법과 자유를 얻는 법을 사람들에게 가르치고 그들에게 삶의 목적을 성취하는 법을 보여주고 싶습니다."

　나는 덧붙여 말했다.

　"그리고 나는 수 천, 아니 수백만 명의 삶을 완전히 바꿔 놓고
싶습니다."

　그 말을 하면서 내가 경험했던 그 특별한 감정은 도저히 말로
표현할 수가 없다.

Story 05

승리보다 더 큰 목표

나는 위대한 네트워커의 사무실 겸 서재 위에 있는 2층 손님방에서 그 날 밤을 지내기로 했다.

애기를 마쳤을 때는 아주 늦은 시각이었고 다음날 아침 일찍 그가 교육을 하는데 내게 참석할 것을 요청하면서, 그 날 밤을 자기 집에서 지내라고 말했기 때문이다.

나는 갈아입을 옷이나 세면도구 등 숙박에 필요한 것을 가져오지 않았기 때문에 자고 가는 것에 대해 다소 난색을 표했지만. 그는 자기가 다 알아서 할 테니 걱정하지 말라고 했다.

"자명종을 맞춰 놓고 주무십시오. 내일 아침 7시에 같이 아침 식사를 할 수 있도록 요."

"편히 주무세요."

"네, 안녕히 주무세요." 우리는 취침인사를 나누었다.

막 잠자리에 들려는데, 출발하면서 아내에게 전화를 하지 않았다는 생각이 떠올랐다. 지금 새벽 1시가 훨씬 지나서 그녀는 분명 자고 있을 거라 생각했다. 아내를 깨운다는 것이 미안했지만 걱정시키는 것보다는 차라리 깨우는 편이 낫다고 생각했다.

나는 아내 캐시에게 집에 귀가하지 못하게 되었고 위대한 네트워커의 손님으로 그의 집에 묵게 될 것임을 알리려고 전화를 걸었다.

전화에서 그녀의 졸린 목소리가 들렸다. 나는 자는데 깨워서 미안하다고 사과했다. 하지만, 그녀는 미안해 할 것 없다면서 내가 아무 일 없을 거라 생각하며 걱정하지 않고 있었다고 말했다. 그리고 지금까지 어떤 일을 했는지 매우 궁금해 했다. 아내의 말은 나를 즐겁게 하기도 했고 동시에 약간 놀라게 하기도 했다.

극도로 졸렸지만 나는 지난 일곱, 여덟 시간의 내 모든 경험에 대해 작은 사실 하나까지 다 말해 주었다.

아내는 내 얘기에 신이 났고 정말 잘되었다고 말했다. 아내와 나는 정말이지 오랫동안 이런 대화를 나누지 못했었다.

'거참, 흥미롭군.' 나는 수화기를 내려놓으며 중얼거렸다. 알래

스카에 살고 있는 것 같던 아내가 이렇게 가깝게 느껴지다니…

아마 최근 아내가 그렇게 멀게 느껴지던 사람이 아니었는지도 모르겠다.

아내와 전화통화에서 나눈 얘기들을 다시 생각하면서 나는 침대에 누워 그 날 일어난 일들을 다시 한 번 회상해 보았다. 그러다 마침내 그 극장의 뒤쪽에 있는 나만의 '안전지대' 가 아니라! 앞자리에 앉아 '믿을 수 없는 삶의 진실 스토리' 의 한 장면 속으로 흘러 들어가 있었다. 그것은 다름 아닌 내가 극장안을 가득 메운 사람들을 앞에 두고 무대 위에 서 있는 장면이었다.

* * *

아주 활기차고 행복한 느낌 속에서 잠을 깼다. 그런 느낌은 몇 년 만에 처음이었다. 정말 몇 년 만에 처음이었다. 시계를 보니 5시 30분이었다.

방안은 싸늘했다. 창문이 밤새 열려 있었던 모양이다. 집 밖의 나무에서 새들이 마치 무슨 모임을 갖는 것처럼, 서로 시끄럽게 지저귀는 소리가 들렸다.

벽장에서 찾아낸 가운을 두르고 바닥을 덮은 카펫 사이 사이로 차가운 나무 바닥을 탭댄스 추듯이 가로질러 가면서 나는 행복한 몸부림을 떨었다. 좌우로 열리는 유리문을 열고 발코니로 나간 나는 깜짝 놀라 그 자리에 멈춰서고 말았다.

바로 앞에는 거대하고 숨 막힐 듯, 아름다운 공작 두 마리가 난간 위에 사뿐히 앉아 있었다. 공작을 그렇게 가까이서 본 적은 한 번도 없었다. 동물원에서도 말이다.

두 마리 중 작은놈은 거의 순백색에 꼬리는 별로 크지 않았다. 그런데 큰놈은(내 생각에는 수컷인 것 같았다) 적어도 6피트나 7피트는 족히 됨직한 꼬리 깃털을 가지고 있었다. 그 꼬리 깃털은 화려한 중국 황제의 옷처럼, 뒤로 길게 끌리듯 흐르는 옷자락 같았다.

공작을 보고 깜짝 놀란 나에 비해 공작은 오히려 유유자적했다. 공작들은 베란다의 나무 난간에 조용히 앉아, 마치 다양한 각도에서 내 사진을 찍는 것처럼 머리를 이리 저리 움직였다.

나는 약간의 위협을 느끼고 천천히 몸을 돌려 다시 들어가려는데 바로 그때, 둔탁하게 쿵하는 소리가 들렸고 이어 바스락 바스락 스치는 소리가 났다.

나는 다시 몸을 돌려 덩치 큰 수놈을 보았다. 풍성한 깃털을 거대한 부채처럼 펼치고 나를 향해 꼬리를 흔들며 앞뒤로 빠르게 왔다 갔다 하고 있었다. 믿을 수 없는 장면이었다.

나는 공작의 습성이나 행동에 대해 별로 깊은 지식이 없었다. 그

녀석이 나를 공격할 작정이었는지 아니면 나랑 사귀어 보려고 그랬는지 알 수가 없었다. 그래서 나는 멋진 깃털을 펼쳐준 것에 대한 칭찬의 인사를 하고는 재빨리 안으로 들어왔다. 정말 놀라운 경험이었다.

나는 재빨리 샤워를 하고 다시 가운을 걸친 다음 계단을 내려갔다.

벽난로에는 불이 피워져 있었고 의자 위에는 빨간색 끈으로 묶어 놓은 옷가지와 쪽지가 있었다. 쪽지에는 다음과 같은 글이 메모되어 있었다.

좋은 아침입니다. 옷이랑 운동화를 준비했습니다.

잘 맞았으면 좋겠습니다.

뭐든 필요한 게 있으면 아무 전화기나 22번을 누르세요.

7시에 뵙겠습니다.

운동화?... 교육하는데?... 나는 옷가지를 들고 다시 2층으로 올라와 옷가지를 묶은 끈을 풀었다.

밝은 연두색 색상의 상하의 운동복과 흰색 폴로셔츠, 회색 울 양말이 나왔다. '아주 특별한 미팅이 되겠군.' …옷을 입고 침대를 정돈한 후, 다시 아래층으로 내려와 벽난로에 장작을 서너 개 더 넣었다. 그리고 의자 옆에 '공작'이라는 조그만 책을 주시하면서 벽난로에 가장 가까운 의자에 편안하게 자리를 잡았다.

어느정도 시간이 흘러 7시 정각이 되자, 그가 음식을 담은 커다란 카트를 끌고 들어왔다.

"잘 주무셨습니까? 아주 멋진 날이죠."

"예, 좋은 아침입니다."

"혹시 블랙과 미세스 필을 만나 봤나요?" 내가 앉은 의자 옆에 놓인 〈공작〉이라는 책을 가리키며 그가 물었다.

"공작 말씀이신 가요?"

"네, 암컷과 수컷 요.

"예 보았습니다. 수놈은 꼬리 길이로 봐서 적어도 열다섯 살은 된 것 같던데요."

"당신은 정말 빨리 배우십니다. 블랙은 15살. 미세스 필은 내 생각에 아마 두세 살 어린 걸로 알고 있습니다. 책에 보면 공작은 수명이 25년이 넘는 걸로 기록되어 있어요."

"아! 네… 공작을 그렇게 가까이서 본 적은 한 번도 없었어요. '아름답다'는 말로는 표현을 다 할 수가 없네요."

"그래요."

"공작은 정말 멋진 동물이죠. 살아 움직이는 화원이라고 할까요. 그놈들이 그냥 주위에 있다는 것만으로도 우리 삶에 경이로운 아름다움, 신이 만들어 낸 피조물과 내 관계를 늘 일깨워 줍니다." 그는 계속했다.

"정말 너무도 아름다운 동물이죠. 그 녀석들은 아무 것도 꾸밀 필요가 없습니다. 그 자체가 아름다움이죠. 더구나, 그러한 '공작을 소유한다.' 는 건 아주 즐거운 일이죠."

그가 앞에 놓은 음식을 가리키며 아침을 먹자고 했다.

음식이 담긴 뚜껑을 열자, 신선한 과일과 토스트, 커피 등이 담긴 아침 식사가 들어있었다.

난 토스트와 몇 가지 과일을 맛보고 있었다. 그런데, 그는 차 한 잔만 마시고는 다른 음식은 드시질 않았다.

"왜, 안 드세요? 같이 드시죠."

"네, 아침은 잘 안 먹습니다. 좀 나른하게 되는 것 같아서요. 건강식품 두서너 개하고 차를 좀 많이 마셔요. 일요일 아침 같은 경우에는 때때로 가족들끼리 성찬을 하기도 하지만 요."

"네, 그러시군요. 오늘 교육에 대해서 얘기 좀 해주시겠어요."

그는 사무실로 가더니, 작은 책 한 권을 가지고 나와 내게 건네

주었다. 나는 책을 받아 제목을 큰 소리로 읽었다.

〈아이들에게 야구와 소프트볼 코치하기〉

"네트워크 마케팅과 교육에 대한 훌륭한 책은 수없이 많습니다. 그 중에서도 이 책은 최고라 할 수 있죠."

"아이들 코치하기가요?" 나는 의아심을 드러내며 물었다.

"그래요. 아이들 코치하기… 요즘은 흔히 볼 수 있지만 처음 내가 이 사업을 하는 방법을 배울 때는 네트워크 마케팅을 성공적으로 하는 방법을 설명하는 책이나 테이프 같은 자료가 전혀 없었습니다. 내가 확실히 아는 거라곤 그런 정보를 어디에 가서도 구할 수 없다는 것뿐이었죠."

"그게 무슨 말씀이죠?"

"네트워크 마케팅은 완전히 다른 패러다임입니다. '패러다임 (paradigm)'이 뭔지 아십니까?"

"20센트요?" 내가 재치 있게 말하자. 그는 잠시 멈칫하며 멍하더니, 폭발하듯 웃음을 터뜨렸다.

"멋져요. 대단한데요." 잠시 숨을 고른 뒤 그는 다시 말했다. "패어 오 다임(pair o' dimes) 즉, 20센트라…. 맞아요! 자기 의

견이나 관점을 말할 때 우리는 관용적으로 이렇게 말하죠. '내 생각은 이래(Here's my two cents).' 패러다임도 바로 그런 거죠. 관점, 사물을 보는 방식, 그런 거요."

그는 의자에서 일어나 이리저리 방을 걸으며 말을 이어갔다.

"네트워크 마케팅의 패러다임은 다른 모든 사업의 패러다임과 기본적으로 다르고 완전히 구별되는 것입니다. 그것을 제대로 이해하고 판단하기 위해서는 일반적으로, 사업을 보는 방식으로부터 완전한 시각의 전환이 필요합니다.

가령, 우리 업계에서는 자기 회사의 제품과 서비스가 다른 회사와 아무리 다르다 하더라도 다른 네트워크 마케팅 회사와 직접 경쟁해서 사람들을 자기 쪽으로 끌어들이려 합니다. 모든 면에서 볼 때, 이런 형태의 경쟁은 그 어떤 곳에서도 다른 어떤 업계에서도 존재하지 않습니다. 이해하시겠습니까?"

"네, 이해합니다." 나는 머리를 끄덕였다.

"이런 특수한 경쟁적 여건 하에서 모든 디스트리뷰터들은 각자 자기 사업이 최고라고 말하는 경향이 있습니다. 그렇게 하는 건 당연한 일이지만, 그들이 그런 얘기를 할 때, '어떤식으로 하느냐'가 대단히 중요합니다."

유감스럽게도 대부분의 사람들은 자신의 낡은 패러다임에 기초

해서 그저 '최고'에 대한 인식을 만들어 내려고만 합니다. 다른 경쟁자들을 내리 누름으로써 최고가 되려는 생각이죠. 무조건 '나의 것'이 '너의 것'보다 낫다는 식입니다."

"그런 방식이 괜찮은 경우도 있습니다. 포드와 GM 간의 경쟁이라면 말이죠." 그가 계속해서 말했다.

"혹은 맥주회사 간의 경쟁이나 음료시장에서 시장 점유율을 올리기 위해 TV에서 수백만 달러의 광고 싸움을 벌이는 경우라면 말입니다.

하지만, 네트워크 마케팅에서는 디스트리뷰터들이 다른 회사들을 깎아 내릴 때, 그들은 네트워크 마케팅 업계까지 통째로 깎아 내리게 되는 것입니다. 그럼 어떤 일이 벌어지는지 아십니까? 우리가 하는 사업은 '입에서 입으로 하는' 사업입니다. 그 점을 기억하세요. 바로 그 점 때문에 이 회사가 얼마나 나쁜 회사인지, 또 저 회사가 얼마나 나쁜지에 대해 이처럼 많은 얘기가 떠돌게 되는 겁니다."

"놀라운 통계를 하나 들어보시겠습니까?"

나는 고개를 끄덕였다.

"소비자 한 명이 좋지 않은 얘기를 한마디 할 때, 긍정적인 얘기 한마디보다 10배의 파급 효과가 나타납니다. 잠깐만이라도 한번 생각해 보십시오. 당신과 당신 회사, 당신이 파는 제품에 대해 긍정적인 얘기 하나에 부정적인 소문은 10가지가 떠돌게 되는 것입니다. 등비수열이 작용하는 거죠. 얼마 안돼서 그 부정적인 소문 10개가 20개가 되고 또 40개, 그것이 수 만개까지 계속 늘어납니다. 네트워크 마케팅이 얼마나 나쁜 것인지, 단 한 사람이 다른 한 사람에게 얘기하고 그들이 또 다섯 명에게 얘기하고 그들이 또 다섯 명에게 얘기하고 그런 식으로 한다면 말입니다."

"이 얘기의 결론이 어디로 가는지 아시겠습니까?"

"네, 알 수 있을 것 같습니다."그 얘기는 나를 매우 불편하게 만들기 시작했다.

나는 항상 내 예상 고객에게 왜, 이 회사 혹은 저 회사에 들어가면 안 되는지 얘기했던 기억이 떠올랐다. 내 회사가 유일하게 좋은 네트워크 마케팅 회사이며 똑바로 사업을 하고 있는 단 하나의 회사라고 말한 기억도 생각났다.

그 때, 나는 내 예상 고객이 부정적인 생각을 할 수도 있다는 것을 한 번도 생각해보지 못했다.

"왜 내가, 하나의 회사를 제외한 다른 모든 회사는 그저 그런 제품을 팔고 불공정한 보상 체계에 사람대접도 엉망인 그런 업계에 뛰어 들어야 하지?"

사실, 나는 내가 세상에 퍼뜨린 그 모든 부정적인 얘기에 대해 엄청난 죄책감을 느끼기 시작했다.

그가 말했다. "내가 하는 얘기가 무슨 뜻인지 알겠죠."

"우리 모든 네트워크 사업자들은 자기가 파는 제품과 사업뿐 아니라 '우리 업계 자체'를 세일즈 해야 할 의무가 있습니다. 네트워크 마케팅에 대한 부정적인 평판의 책임이 대중매체에 있다고 보십니까?"

"오늘 아침까지도 그렇게 생각했지만 지금은 우리 모두의 책임이라고 생각합니다." 나는 후회하듯 대답했다.

"그래요. 우리 책임입니다. 우리 각자의 책임이죠."

"네트워크 마케팅은 최상의 자유입니다. 모든 자유 기업 중에서도 가장 자유롭죠. 하지만 그것은 겉으로 드러나는 부분입니다.

그 이면에는 동전의 다른 면처럼 책임이라는 것이 있습니다. 네트워크 마케팅은 진정한 책임 사업입니다. 우리는 책임을 지는 대가로 돈을 받습니다. 많은 책임을 질수록 더 많은 돈을 벌게 되죠. '스폰서'의 의미도 바로 그것입니다. 자신이 이 사업으로 끌어들인 사람들에 대한 책임을 지는 것 말입니다."

"당신이 수 천 명의 조직을 책임지고 있다면, 돈을 많이 벌겠죠. 엄청날 겁니다. 당연히 그래야 하겠죠. 여기서 재미있는 사실이 있습니다." 그는 걸음을 멈추고 내 맞은편에 앉아 몸을 앞으로 기울이며 이야기를 계속했다.

"지금 이 순간 당신은 이 사업에서 살아남는 일, 자신의 성공을 만들어 내야 된다는 자신의 책임에만 관심이 있습니다. 맞습니까?"

"네."

"좋습니다. 그럼, 당신이 업계 전체의 성공을 걱정해야 된다면 생각이 달라질까요? 그것이 바로 당신의 책임이라면 말이죠?"

"아…," 나는 천장을 올려보고 시선을 내리며 말했다.

"글쎄요, 아마 내 자신만을 위해서 시간을 투자하지는 못하겠죠."

"그럼 시간을 어디에 집중적으로 투자하시겠습니까?"

"네트워크 마케팅에 대한 좋은 얘기를 사람들에게 알리고 사업자들에 대해서도 좋은 생각을 가질 수 있도록 노력해야 하겠죠.

이와 같이 긍정적인 정보가 사람들 사이에 퍼지도록 하고 이 일이 얼마나 멋진 일인지 이해시킬 겁니다. 또 이 업계를 매도하는 소문을 없애도록 할 겁니다. 아시겠지만, 사업 초기 단계부터 많은 이익이 보장된다거나 말도 안 되는 고소득에 대한 그런 얘기 즉, 네트워크마케팅=피라미드라는 잘못된 인식을 바꿀 수 있도록 말입니다."

"그럼 업계 전체를 걱정하지 않아도 된다면, 당신은 제품 판매와 회원모집에 대한 문제에만 신경 쓰며 매달리겠습니까?"

"아니오, 그러지 않을 겁니다."

"그러면 지금까지 해 오던 것과는 다른 방식으로 사업을 하게 될까요?"

"네, 분명히 그럴 겁니다."

'야, 이건 정말 흥미로운 일인데!' 나는 사람들이 빛을 봤다고 말할 때, 그들이 의미하는 것을 실제로 경험했다. 정말 그 빛을 보았다.

"아 알겠어요! 어떤 의미로 말씀하시는지." 내가 큰소리로 말했다.

"나 자신에게 쏟는 관심과 포커스를 보다 큰 것, 훨씬 더 큰일에 돌리게 되면 지금 내가 큰 문제라고 생각하는 것들은 즉시 작아지고 너무나 단순해 보인다는 거죠. 더 이상 그런 일에는 신경 쓰지 않겠습니다."

"맞았어요! 성공의 비결 서른일곱 번째 밝혀지다," 그가 호탕하게 웃으며 말했다.

"자기보다 더 큰 목표를 갖는다. 더 크고 더 나은 목표, 그렇게 하면 작은 일에 기운 뺄 필요가 없겠죠. 그리고 자기 목표가 크면 클수록 다른 모든 일들은 점점 더 작아지게 됩니다."

그는 두 손을 모아 손가락 끝을 입술에 대고 눈을 지그시 감으며 긴 숨을 들이 내쉬더니… .

"이런, 내가 정말 신이 나서 떠들었군요."

"이 얘기를 시작하기 전에 우리가 무슨 얘기를 하고 있었는지 기억하세요?" 그러고는 본인이 자신의 질문에 대답했다.

"아, 생각났어요. 당신이 〈아이들 코치하기〉라는 책에 대해 질문했었죠. 그리고 어째서 내가 그 책을 네트워크 마케팅에 관한 훌륭한 책으로 추천하게 되었는지. 하하, 내 기억력 좋죠?"

그렇게 말하는 자기 질문이 재미있는 것 같았다. 물론 그 대답을 원하는 질문은 아니었다.

"사업 초기에 나는 전통적인 혹은 기존 사업 외에 다른 곳에서 지식을 구하려고 했습니다. 네트워크 마케팅이 얼마나 독특한 것인지 잘 알고 있었기 때문이죠. 내 네트워크에 속한 사람들을 어떻게 가르치고 교육할 것인지에 관한 뭔가 특별하고 새로운 자료를 찾고 있었습니다. 그때, 나는 네트워크 사업을 하는 데 있어 아이들이 하는 스포츠에서 우리가 배울 점이 있다는 것을 깨달았습니다."

"여기."… 내 앞에 놓여 있던 그 책을 건네 달라는 손짓을 했다. 책을 건네자. 그는 몇 장을 넘기더니 큰소리로 읽기 시작했다.

청소년 스포츠의 목적은 재미, 학습, 개인 발전, 그리고 승리에 있다고 본다.

코치로서 해야 할 가장 중요한 역할은

첫째 팀이 재미를 느끼도록 하는 것이며,

두 번째 중요한 역할은 자신이 할 수 있는 모든 것을 가르치는 것이며,

세 번째 팀의 개개인이 팀원으로서 발전할 수 있도록 해야하는 것이며,

네 번째 기회가 있을 때, 승리하는 것이라고 믿어 의심치 않는다.

성공과 승리의 중요성을 무시하라는 것은 아니다. 아이들이 최대한 열심히 싸워 이기도록 격려하는 것을 잊어버린 코치는 자기 팀을 기만하는 것이다. 하지만 경기를 즐기는 법을 배우는 것이 더 중요하다.

그는 책을 내려놓고 강렬한 시선으로 나를 보며 말했다.

"네트워크 마케팅에서 스폰서의 역할을 완벽하게 묘사한 내용

세상에서 가장 위대한 네트워커

입니다. 이 사업이 기존 사업과 얼마나 다른지를 보여 주는 또 하나의 일례이기도 하고요."

"첫째, 사람들이 재미를 느끼도록 가르쳐라.

둘째, 성공하는 데 필요한 기술을 가르쳐라.

셋째, 먼저 개인으로서 그리고 팀의 멤버로서 발전하고 성장하
　　　도록 도와라

넷째, 할 수있을 때 승리하라."

그가 열성적으로 외쳤다.

"당신이 첫째, 둘째, 셋째를 실천하면, 반드시 항상 승리하게 됩니다. 반드시!

당신에게 약속할 수 있습니다."

세상에서 가장 위대한 네트워커

Story 06

가르치는 것을 가르치기

교육장이 있는 곳으로 차를 타고 가면서 나는 그에게 물었다. 처음 네트워크 마케팅을 시작했을 때, 사업이 어땠는지…

"초창기에는 사업을 성공적으로 잘했습니다. 그러나 어느 정도 시간이 지나면서 힘이 들었고 그냥 먹고 사는데 급급했지요. 그게 고작이었습니다."

"나는 열정적으로 일을 시작했습니다. 2백 50명의 '명단'을 만들어 그 사람들에게 내가 직접 쓴 4페이지 분량의 편지를 보냈는데, 제품과 성분에 대한 기사내용, 건강과 영양에 대한 기사내용, 그리고 시험 삼아 사용해볼 수 있도록 제품 샘플도 넣어 보냈습니다.

대단한 편지였죠! 그 중 2백 9명이 오케이 했고 제품을 주문했습니다. 그리고 그 중에 50명을 디스트리뷰터로 만들었습니다. 대단한 성과였죠. 안 그래요?" 환한 미소를 지으며 그가 말했다.

"예, 맞습니다."

"문제는 4~5개월이 지나자, 그 사람들 중에 단 한 명도 사업을 하는 사람이 없었다는 겁니다."

"정말요? 어떻게 된 거죠?"

"그러니까…. 나는 사업을 열정적이고 멋지게 잘 하고 있었습니다. 내 방식에 맞게요. 하지만, 그들에게는 맞지 않았나 봅니다."

"나는 내가 정말 유능하다고 생각했습니다. 하지만, 이 사업에서 '유능하다'는 것은 중요하지가 않습니다. 중요한 것은 남이 따라 할 수 있어야 한다는 거죠. 그런데 나는 그렇게 하지 않고 내 방식대로만 사업을 했던 것입니다."

"나는 광고와 마케팅에 대한 경력이 있었습니다. 그래서 사람들이 내 제품의 가치를 인식하게 하고 제품을 한번 사용해 보고 싶다는 생각을 심어 주는 일이 나한테는 쉬웠습니다. 나는 오랫동안 그 일을 해 왔었기 때문입니다. 게다가 나는 뛰어난 품질의 제품들을 잘 선택했고 성실한 사람으로 평판이 나 있었습니다. 그래서 동료들과 친구들은 나를 신뢰하고 있었죠, 내가 어느 제품대해 가치 있다고 생각하면 그들도 그렇게 생각했습니다. 그리고 그 제품을 소개하면 그들은 나를 믿고 구매를 했습니다. 제품이 좋았죠. 아주 좋았습니다." 그는 얘기에 심취해 초창기 '성공'의 기억을 다시 음미하는 것 같았다.

"나는 누구든지 제품을 사용하도록 설득할 수 있었습니다. 또 많은 사람들이 사업을 시작하도록 열의를 불어넣을 수도 있었습니다."

"한 가지 빠진 것이 있다면, 다른 사람들도 쉽게 사업을 할 수 있도록 하는 것이었죠. 내가 아는 유일한 사업 방법은 내 방식이었습니다. 그리고 내 방식은 누구도 따라 하기 어려운 것이었죠. 나는 마케팅 전문가였지만 다른 사람들은 아니었습니다. 또한 20년 동안 나는 자연 건강과 영양 분야에 몸담아 왔지만, 대부분의 사람들은 그렇지 않았습니다. 그래서 비록 나 개인으로서는 성공했지만 사람들에게 간단하고 쉽게 내 성공을 복제할 수 있는 방법은 주지 못했던 겁니다. 그러니까. 그들에게 유일한 방법은 그냥 나처럼 되는 것이었습니다."

"그래서, 어떻게 하셨습니까?"

"그래서 내가 어떻게 했느냐?" 그는 부드럽고 악의 없이 내 말을 따라 했다. "그래서 난 실패했죠!" 커다란 웃음으로 이야기의 마무리를 지으며 그는 무릎을 쳤다.

사실, 너무 심하게 웃어서 트럭이 잠시 도로 가장자리로 벗어났었다. 그는 안경을 들어 올려 회심의 눈물을 닦고는 머리를 흔들며 계속 웃었다.

"아, 세상에, 이건 정말 멋지고 굉장한 사업이에요 . 너무나 단순하고 간단한 일입니다"

"그게 네트워크 마케팅에서 내가 처음 얻은 교훈입니다. 일단 내 방식에서 잘못된 것이 무엇인지를 깨닫고 나서야 나이, 경력, 경험, 재능에 구애받지 않고 누구나 이 사업을 할 수 있는 방법을 찾기로 했습니다. 더욱 중요한 것은 누구든지 사람들에게 쉽고 간단하게 하는 방법을 가르칠 수 있는 것을 찾아내는 것이었죠. 그 부분에 있어서 나는 아이들이야말로 최상의 지도자라는 걸 알게 되었습니다."

'아, 그래서 아이들 이야기가 나오는 군요!'

바로 그때, 그는 리틀리그 야구장 뒤쪽 주차장에 차를 세웠다. 길 건너편에는 볼품없이 생긴 붉은 벽돌의 초등학교가 있었다.

"자, 선생님들이 기다리고 있습니다." 그가 말했다.

* * *

그리고 한 시간 반 동안 15명의 예닐곱 살 난 아이들(남자아이

13명, 여자아이 2명)이 티볼(tee-ball)하는 것을 지켜보고 또 같이 게임을 하기도 했다.

야구와 소프트볼은 투수가 필요하지만 티볼에는 투수가 필요 없었다. 티볼은 홈 플레이트에 세워 놓은 베팅티(골프 칠 때와 비슷) 라는 막대 위에 공을 올려놓고 치는 것으로 키 높이에 맞게 조정할 수 있어 누구나 안전하게 칠 수 있는 게임이다.

우리 때는 리틀리그 팀에 여자아이도 없었다. 아이들과 우리는 즐거운 시간을 보냈다. 그런데 연습을 시작할 때, 그들이 하는 행동은 나를 어리둥절하게 만들었다.

아이들은 모두 홈 플레이트 뒤, 백네트 아래에 모여 앉아있었고 코치(위대한 네트워커)는 아이들을 보며 열성적으로 아이들 이름을 하나씩 불렀다.

"호네츠의 에이스 유격수 줄리 두간 나간다!" 코치는 마치 구장 아나운서처럼 큰소리로 말했다. 줄리가 일어나 홈플레이트로 달려가며 모자를 벗어 머리위로 높이 흔들자, 아이들은 박수를 치고 환호하면서 그 여자아이의 이름을 외쳤다. 그리고 코치는 다음 선수를 불렀다. 그리고 다음, 다음선수를….

그들은 서로에게 갈채를 보내 주는 것으로 연습을 시작했다. 바로 그 행동이 나를 놀라게 했다!

연습 내내, 위대한 네트워커(코치)는 끊임없이 칭찬을 쏟아냈고 얼마나 잘들하고 있는지 쉬지 않고 아이들에게 격려 해주었다.

코치는 아이들에게 이렇게 물었다. "어떻게 했지?" 그리고 아이들이 자신의 행동에 대해 인식하고 있으면 그에 대해 칭찬을 해주고 그런 다음 그들이 얼마나 잘했는지를 말해주는 것이다.

코치의 칭찬은 아이들이 지난 주, 혹은 지난해에 비해 실력이 얼마나 향상되었는지에 집중해 있다는 것도 알았다.

경기를 하다 뒤죽박죽이 되어 버리면(그런 경우가 많았다), 코치는 경기를 중단시키고 아이들에게 이렇게 질문하곤 했다.

"무슨 일이지?" 대개의 경우, 자신의 실수로 경기를 망친 아이가 이렇게 말을 한다. "내가 이런 저런 실수를 했어요." 그러면 위대한 네트워커(코치)는 이렇게 물었다. "다음번에는 무엇을 어떻게 하면 될까?"

때로 아이들이 자신의 행동을 인식하지 못하는 경우도 있었다. 그러면 코치는 어떻게 된 일인지 아는 선수가 있는지 물었다. 질문에 대한 대답을 얻게 되면, 대답한 아이에게 다음번에는 어떻게 하면 되는지 물었다.

처음에는 아이들에게 일일이 묻는 이 모든 과정이 너무나 이상하게 보였다. 사실 좀 엉터리 같은 생각이 들었다. 왜 그냥 아이들에게 말해 주지 않을까? 그러면 분명 시간이 절약되고 쉬울 텐데. 게다가, 그는 이미 그 이유를 알고 있는 것 같은데 왜 아이들에게 굳이 질문을 하는 걸까?

나는 코치를 한쪽으로 데려와 그 점에 대해 물었다. 그러자 코치가 되물었다.

"당신이 내게 질문을 해서 내가 그 답을 말해 주면 당신은 뭘 알게 됩니까?"

나는 생각 끝에 이렇게 답했다.

"답을 알게 되죠."

"맞습니다. 그럼 그 답은 무슨 소용이 있죠?"

"그 답을 얻기 위해 무엇을 해야 할지 알게 됩니다."

"그럼 그건 무슨 소용이 있죠?"

"일단 뭘 해야 할지 알게 되면 그 일을 할 수 있습니다."

"그래요, 그 일을 할 수 있습니다. 그런데 당신은 그대로 합니까?"

"아니오, 항상 그런 건 아닙니다만, 사실 잘 안 합니다." 인정하지 않을 수 없었다. 답을 아는 것과 그에 대해 어떤 구체적 행동을 하는 것은 아주 다른 문제인 것 같았다.

"이 문제에 있어서는 두 가지 사실이 중요합니다."

"첫째, 당신이 스스로 해답에 도달하게 되면, 그건 다른 사람이 말해 주었을 때와는 아주 다릅니다. 그 의미는 훨씬 더 크고 깊습니다. 다른 사람이 맞고 틀리는 것에 대해서는 어떤 의문도 없습니다. 그건 당신의 답이니까요. 당신 것입니다. 그리고 비슷한 상황에 다시 처하게 되면 그 답을 기억해 낼 가능성이 훨씬 더 높게 되는 거죠.

더구나, 자기 힘으로 답을 찾게 되면 자신이 찾고자 했던 해답을 얻게 될 뿐 아니라, 해답을 찾는 훈련이 됩니다. 그래서 두 배의 효과가 있는 거죠.

해답을 '아는 것'과 해답을 '갖는 것'은 그 해답을 '실천하는 것'과 완전히 다릅니다. 동의하십니까?"

"네. 동의합니다."

"하지만 진짜 비결은 그 해답이 '되는 것'입니다. 무슨 말인지 알겠습니까?"

"아니오, 잘 모르겠는데요."

"좋습니다. 처음으로 공을 치는 법을 배우는 소년이 있다고 합시다. 나는 방망이 잡는 법과 손의 위치, 서는 자세와 방망이 휘두르는 법에 대해 말해 줍니다. 또한 그에게 공을 잘 치는 법에 대해 알아야 할 모든 정보를 줍니다. 그럼 소년은 그 방법을 잘

세상에서 가장 위대한 네트워커

알까요?"

"네, 하지만 모든 것을 안다고 그 아이가 그렇게 '할 수 있는 것' 은 아니며 '실천하는 것' 도 아니라는 것은 분명히 알겠습니다."

"좋습니다. 그래요. 그 소년은 방법을 압니다. 그 아이는 그것에 대한 정보도 가지고 있습니다. 아주 훌륭한 정보죠. 하지만 그는 아직 그대로 실행하지 못합니다."

"여기 또 다른 단계가 있습니다. 물론 소년이 한두 번 공을 잘 칠 수도 있습니다. 하지만 그렇다고 좋은 타자가 되는 것은 아닙니다. 아직까지는 말입니다. 타자가 되는 것은 그냥 타자가 되는 거죠. 그냥 타자가 되는 것 말입니다."

그가 사용하는 용어들을 내가 이해하려고 애쓴다는 것을 그는 분명히 눈치 챘을 것이다.

내 혼란스러운 생각을 그의 머릿속에서 비웃고 있지는 않을까? "어떻게 자신이 '아는 것' 을 '가지는 것' 이 될 수 있지?" 그때 앞뒤가 기가 막히게 연결되는 책 제목이 생각났다. 〈모르는 것을 모르는 것〉

그는 나의 이런 생각을 아는지 모르는지 설명을 계속했다.

" '되다… 하다… 가지다… 내가 되고 싶은 사람이 된다… 하고 싶은 일을 한다… 갖고 싶은 것을 가진다.…' 이런 용어를 사용해서 누가 목표를 세우는 걸 들어 본 적이 있습니까?"

나는 그렇다고 고개를 끄덕였다.

"내가 발견한 가장 효과적인 방법은 우선 '되는 것'(being)에 포커스를 두는 것입니다. 일단 그 일을 하고 나면, '행동'(doing)과 '소유'(having)는 자연스럽게 따라옵니다.

만약 다른 식으로 접근하게 되면 평생이 걸려도 목표를 달성하지 못할 겁니다. 실제로 '되는 것'을 먼저 하는 것이 더 쉽습니다. 왜냐면 '되는 것'은 마음속에서부터 시작되는 것이기 때문이죠. 누구든지 언제나 자신이 원하는 것이 될 수 있습니다."

나는 그의 말이 분명히 와 닿지 않는다고 솔직히 고백했다. 그리고 과감히 내 생각을 말했다.

"그래요, 한 가지는 알고 있습니다."

"우리는 지금 이 문제에 대해 얘기 '하고' 있는데, 당신이 리틀 리그 코치가 '되는 것'을 내가 방해하고 있어요."

"바로 맞췄습니다!" 내가 내용을 이해하려고 시도했다는 사실이 그에게 재미있기도 하고 즐겁기도 한 것 같았다.

"'되는 것'과 '성취하는 것'에 대해 좀 더 얘기를 나누고 싶어요. 하지만 그건 연습 후에 하기로 할까요? 어때요?"

우리는 다시 우리의 '선생님' 즉, 리틀티볼 아이들에게로 돌아갔다.

세상에서 가장 위대한 네트워커

Story 07

적절한 질문하기

　게임이 끝나고 아이들에게 작별 인사를 할 때, 모든 아이들이 내가 와 주어서 고맙다는 말과 함께 다음 주에 다시 와서 도와 줄 수 있는지 물었다. 그 말에 나는 정말 기분이 좋았다. 트럭으로 돌아온 나는 '되는 것'과 '성취하는 것'을 빨리 알고 싶어서 그에게 질문을 했다. 그는 손을 들어 나를 멈추게 하더니…

　"그렇게 서두르지 마세요. 곧 얘기 할 겁니다. 하지만 먼저 말해 보세요. 재미있었는지요?"

　"그럼요. 아주 즐거웠습니다."

　"좋습니다. 뭔가 새로운 걸 배우셨나요?"

　"물론입니다."

"그게 뭐죠?"

"처음 연습을 시작할 때 당신이 한 일, 아이들을 전부 플레이트에 모이게 해서 구장 아나운서처럼 아이들 이름을 하나하나 불러주고 모든 아이들이 격려하고 박수치게 한 것은 너무 좋았어요! 정말 놀라웠습니다. 얼마나 멋진 시작입니까?"

"시즌 첫 연습 때도 우린 그렇게 했어요. 그렇게 하면 기분 좋게 시작할 수 있거든요. 그리고 모두에게 자신이 특별하다는 느낌을 줍니다. 아이들은 모두 그 즉시 스타가 되는 거죠."

"그리고 부모님들이 그 부분을 얼마나 중요하게 생각하는지 눈치 채셨습니까?"

나는 그가 언급하기 전에는 몰랐다. 하지만 분명한 사실이었다. 엄마 아빠들 모두 백네트 바로 뒤에서 같이 박수치며 열렬한 격려를 보내주었다.

"뭐, 다른 것은 없나요?" 그가 물었다.

"많죠, 아이들이 한 일을 직접 말해 주기보다는 묻는 과정에서 많은 것을 배웠습니다. 학교 다닐 때 좋아했던 선생님이 기억납니다. 그 분은 내가 스스로 뭔가를 발견하도록 해 주셨죠. 바로 당신이 한 것처럼 말입니다."

"그렇다면 또 다른 쪽은 요?"

"다른 쪽? 아, 다른 선생님들 말이군요. '이거 해라', '저거 해라' 지시하거나, '그냥 반복하고 암기하게 했던 선생님들요? 그런 선생님들 수업은 따분해 죽을 지경이었죠."

"그럼, 당신에게 고등 수학과 컴퓨터를 가르친 선생님은 어느 쪽이었나요?" 그가 큰소리로 물었다. 그는 내가 컴퓨터 초기 시절 해킹에 대한 '개척자적인' 열정에 대해 얘기했던 것을 기억하고 있음이 분명했으며 그가 이미 내 대답을 알고 있다는 것도 눈치 챘다.

"좋은 쪽요. 수학을 가르쳤던 도허티 선생님의 얼굴과 목소리는 지금도 어제처럼 생생하게 기억합니다."

"좋습니다. 계속하세요."

"글쎄요… 당신이 아이들을 칭찬해 주고 아이들이 스스로 자신을 인정하게 했던 것… 그건 아이들에게 자기 자신에 대한 책임감을 심어주는 것 같았어요. 자신의 생각을 먼저 찾도록 하는 것 같았습니다. 정말 멋졌어요."

나는 좋은 예를 찾으려고 다시 생각해 보았다. 실은, 예를 들 수 있는 부분이 많았다.

"2루에 있던 그 아이. 공을 먼저 던져야 할지 어떻게 해야 할지 혼란스러워 울었던 그 꼬마는 누구였죠?"

"조니요."

"네, 조니. 당신이 그 애와 한 얘기는 정말 훌륭했어요."

"고맙습니다." 칭찬에 기뻐하며 그가 말했다.

"거기서 무엇을 얻었나요?"

"음… 자기 기분에 매달리는 그 소년의 관심을 어떻게 다른 곳으로 돌리는지 보았습니다.

처음에 당신은 무릎을 꿇고 그와 눈 높이를 맞췄죠. 직접적으로 얘기하지도 않고 말입니다.

그리고 당신은 이렇게 물었죠. '무슨 일이지?'

그 꼬마가 대답하기를 어떤 애들은 '먼저 던져' 또 어떤 애들은 '타임을 불러'…. 당황해서 어떻게 해야 좋을지 모르겠어요.

그러자. 당신은 너의 생각에는 어느 쪽이 좋을 것 같니? 하고 묻자. 그 소년은 '타임을 부르는 거요' 라고 대답했으며 그때 당신은 이렇게 말했죠. '좋아, 가서 그렇게 하고 어떻게 되는지 한 번 보자' 그 소년은 타임을 불렀고 그 후 진행된 경기 결과는 멋지게 끝났죠. 정말 놀라웠습니다."

"그래서, 당신은 거기서 뭘 얻었습니까?"

"방금 말씀 드렸는데요."

"아니오." 그가 부드럽게 정정했다.

"당신은 그냥 내가 한 행동을 묘사한 것뿐입니다. 거기서 무엇을 얻었냐고 물었죠. 즉, 그것이 당신에게 어떤 식으로 도움이 되었냐는 것이지요?"

"아! 네, 어떤 일에 대해 내 감정이 지배될 필요가 없다는 걸 알았고 이미 발생한 일 자체에 포커스를 두고 그 문제에 대해 뭔가 조치를 취하는 것이 더 낫다는 걸 깨달았습니다."

나는 그의 표정을 살폈다. 그는 경기장 옆 도로를 쳐다보더니 이렇게 말했다.

"좋아요!"

"그러면 당신은 어떤 결과를 얻었나요?"

"결과요? 무슨 뜻이죠?"

"결과!"

그가 다시 말했다.

"오늘 거기서 당신은 어떤 결과를 얻었습니까?"

"글쎄요…" 나는 잠시 생각했다.

"나는 저스틴에게 보여 주었습니다. 저스틴 맞나요?"

그는 고개를 끄덕였다.

"글러브에서 공이 빠져나가게 하지 않으면서 공을 잡을 수 있도록, 나는 저스틴에게 손을 쥐는 방법을 보여주었습니다.

공이 허리 위로 날아 올 때는 손가락을 위로하고 공이 허리 밑으로 날아오면 손가락을 아래로 향하게 해서 잡도록 하는 거죠. 그렇게 해서 플레이를 망치거나 얼굴에 볼을 맞지 않도록 하는 것입니다."

"아주 좋아요." 그가 웃었다.

"그래서 당신은 오늘 재미있었고 뭔가 새로운 걸 배우고 결과도 얻었군요. 맞습니까?"

"네, 그랬어요."

"축하합니다. 당신이 이겼어요! 그것이 성취의 세 가지 구성 요소입니다. 당신은 결과를 얻었습니다. 배우고 발전하고 성장했습니다. 그리고 재미도 있었고요. 이 세 가지가 다 필요합니다. 어느 하나라도 빠지면 그것은 진정한 성취가 아닙니다."

이기다니? 뭘? 그때 〈아이들 코치하기〉에서 그가 읽어 준 내용이 생각났다. '재미, 학습, 성장과 발전, 그리고 승리' 갑자기 모든 것이 환해졌다.

"무슨 말인지 알겠습니다. 정말로 이해했어요! 난 지금까지 결과도 얻고 뭔가 새로운 걸 배우긴 했지만 재미는 별로 없었어요. 또 재미는 있었지만 뭘 배우거나 원하는 결과는 얻지 못했어요. 정말 멋져요. 진정한 성취는 이 세 가지가 다 필요한 거군요."

"예. 세 가지 모두 다요."

"바로 그렇기 때문에 그냥 결과에만 포커스를 둬서는 안 되는 겁니다. 자기 자신이나 사람들에게서 말입니다."

'아하!'

나는 생각했다. 이것이 진짜 네트워크 마케팅이구나! 그리고 '가라데 소년'이라는 영화의 한 장면이 떠올랐다. 스승은 제자에게 하루 종일 차에 왁스칠을 시킴으로써 가라데를 가르쳤다. "이리 닦고, 저리 닦고, 이리 닦고, 저리 닦고…"

위대한 네트워커(코치)는 말했다.

"당신은 '결과'를 얻을 수도 있습니다. 하지만 그것은 진정으로 뭔가를 성취하는 것은 아닙니다."

"다음은 네트워크 사업 구축에 극히 중요한 이야기입니다.

* 결과가 없으면 수입도 없다.

* 배우는 게 없으면 뒤쳐지게 된다.

* 재미가 없으면 그만두게 되거나, 염증을 느끼거나, 아니면 염증을 느끼고 그만두게 된다."

"알겠습니까?"

나는 머리를 끄덕이며 그렇다고 말했다. 이제, 그가 설명할 때 모든 것이 쉽고 간단하게 느껴진다고 얘기했다.

"그런 얘기는 그냥 정보이기 때문에 그런 겁니다. 일단 그런 식으로 '되고', 성취하게 '되면', 성취하는 사람들이 하는 그런 일을 '하게' 될 것이고. 성취하는 사람들이 가지고 있는 그런 것을 '가지게' 될 것입니다."

"어떻게 하면 그걸 성취할 수 있나요?"

"그건," 그는 강조하며 말했다. "한 달에 6만 4천 달러를 벌게 해 주는 질문입니다! 그 답을 알고 있나요?"

"아니요."

"얘기해 주시겠어요?"

"네 이야기해 드리죠."

한참동안 침묵이 흘렀다. 너무 오래….

"언제 하실 건데요?" 나는 간청했다.

그는 트럭의 속도를 줄이고 눈을 크게 뜨며 과장된 표정을 짓더니 말했다. 아주 간드러지는 목소리로 "지금 말할까요. 선생님? 지금… 해도… 될까요.… 네?"

우리 둘다 족히 2분은 웃었던 것 같다.

정말 대단하고 재미있는 사람이다.

Story 08

내가 되는 습관

　'되는 것', 그것이 다음으로 우리가 얘기하려는 것이었다. 하지만 본론으로 들어가기 전에 좀 기다려야 했다. 그 기다림이라니!⋯ 내가 계속 "놀라워!"라고 말하고 있다는 것을 나도 의식하고 있었다. 그리고 위대한 네트워커의 모든 것에 계속 놀라는 중이다. 살면서 결코 경험해 보지 못한 것들을 보고 행동하고 말하고 또 듣고 있었다. 세상에!⋯

　이런 일들을 나는 꿈에도 생각지 못했다. 그런데, 여기 이 모든 일들이 일어나고 있다. 그 상황 속에 내가 있다. '정말이지 너무나 놀라울 따름이다.'

　그의 집에 도착해 트럭에서 내렸을 때, 나를 보고 물었다.

"좀 씻고 싶으시죠?"

"네 그렇습니다."

"혹시 일본식 목욕 해 본 적 있습니까?"

"아니오. 안 해 본 것 같은데요."

"아마, 해 봤다면 분명히 기억하실 겁니다."

"한번 해보시죠. 너무 좋을 겁니다."

본채로 들어가면서 그가 말했다.

"현재 일본 사람들이 경제적으로 미국의 몫까지 먹어 들어오고 있는 것은 일본 사람들이 좋은 목욕문화를 가진 반면 우리는 그런 문화를 모르기 때문이라고 생각해요. 나는 미국에서 일본식 목욕을 정착시키는 운동을 혼자 해 나가는 중입니다. 그래서 미국이 다시 세계 지도자로서의 입지를 회복할 수 있도록 말입니다."

"농담 아닙니다!" 나를 보고 진지하게 미소 지으며 말했다.

* * *

집 내부는 약간 격식이 있었지만 사무실과 서재가 조화로운 공간을 연출하고 있었다. 고풍의 우아한 인테리어 무성한 식물과 싱싱한 꽃들로 가득한 맑고 상쾌한 바람이 잘 통하는 곳이었다.

정말 보기 드문 아주 오래된 가구도 있었다. 넓은 거실 입구를 지날 때, 별생각 없이 힐끗 안을 들여 다 보았다. 그 순간 나는 발걸음을 멈추고 말았다! 앞에 가고 있던 그는 내가 멈춘 것을 눈치 채고 뒤돌아보며 물었다. "왜 그러세요?"

"그… 그게," 나는 말을 더듬거렸다.

"이게 내가 생각하는 게 맞나요?"

"당신이 생각하는 게 뭔데요?" 그가 내 옆으로 오면서 물었다.

벽난로 선반 위에 폭 6피트, 높이 4피트가 넘는 거대한 액자에 금박을 입힌 눈부시게 화려한 모네 그림이 있었다. 분명 가짜가 아니었다. 진품이었다. 내 정신은 말 그대로 비틀거렸다. 사실 내 다리도 비틀거리고 있었다.

"모네군요!" 나는 소리쳤다.

"수련… 이건 수… 그러니까, 아…, 그걸 뭐라고 하죠?"

"님피아(Nymphias = 연꽃)." 그가 대답했다. 그리고 그는 예전 의 그 커다란 웃음을 터뜨리고 말았다. 지금껏 들은 웃음소리 중 에 가장 큰 소리였다. 그는 나를 아주 강하게 얼싸 안고 어깨를 두 드리며 계속 웃었다.

"난 당신이 정말 마음에 들어요!" 그는 온몸의 기운을 다 빼는 듯한 웃음을 진정시키려는 듯, 숨을 가다듬고 이렇게 말했다.

"아니, 아닙니다. 그건 모네가 아니에요. 저에요. 제가 그린 겁 니다. 하지만 너무 고맙습니다."

나는 믿을 수가 없어 고개를 저었다.

집안을 거닐며(정말 큰집이었다.) 그는 자기가 미술학교를 졸업했으며 미술 학사 학위도 땄지만, 한 번도 진짜 작품이라 할 만한 그림을 그려보지 못해, 재대로 된 작품을 꿈에서라도 해 보고 싶었던 일이었다고 말했다. 그 그림은 그의 아주 오랜 목표, 20년 동안의 목표였다고 덧붙였다.

모네는 그가 가장 좋아하는 화가이며, 네트워크마케팅 사업자로 성공한 후(충분할 만큼), 항상 하고 싶었던 일을 할 수 있는 여유를 갖게 되었다고 했다. 그는 모네 그림에 대한 수많은 책과 자료를 구입해서 열심히 공부하여 모네와 유사한 스타일로 직접 작품을 만드는 일에 착수했다고 했다.

그의 그러한 노력은 일반적인 성공 이상으로 성공한 것 같았다. 그의 그림은 박물관에 전시할 만큼 훌륭한 작품이었으며 대단한 실력을 가지셨다고 말씀드리자, 그는 고맙다는 말을 했다.

"죽을 때, 내 아이들과 저 그림을 내가 살아서 남긴 가장 가치 있는 것으로 회상하게 될 겁니다." 그리고 그는 전쟁터에서 돌격할 때처럼, 이렇게 덧붙였다.

"목욕탕으로!"

*　*　*

목욕탕은 내가 예상했던 대로 정말 대단했다. 벽과 천장은 폭이 넓은 암적색의 고광택 삼목 보드로 되어 있었다. 나무가 아닌 부분은 유리였는데, 천장에 두 개의 거대한 유리 채광창과 커다란 유리 창문이 방 전체로 이어져 있었다.

목욕실 입구는 긴 의자와 옷 고리가 놓여있는 자그마한 홀처럼 되어 있었고 방은 푸른 가지가 무성한 양치류 식물과 담쟁이 덩굴로 가득 차 있었다.

그는 일본식 목욕은 전통적으로 남자든 여자든 옷을 다 벗고 하는 것이지만 내가 싫다면 목욕 가운을 입고해도 괜찮다며 그도 입고 할 것이라고 얘기했다.

나는 사실 순수주의자이며 그래서 원래 하는 방식대로 하겠다고 말했다.

욕실 바닥의 절반 정도는 아주 촘촘하게 놓은 얇은 삼목 슬레이트로 덮여 있었고 그 밑에는 기초로 깔아 놓은 바닥재와 배수구가 있었다.

욕조는 두 개가 있었는데, 하나는 바닥에서 90㎝ 정도 높게 만들어졌고(증기가 올라오고 있었다.), 다른 하나(대리석으로 보였다.)는 정사각형으로 바닥 밑으로 만들어 놓았는데, 깊이가 1m나 그 이상인 것 같았다.

목욕실 바닥 일부는 자갈을 깔아 만든 정원이었는데, 사진에서 본 일본의 고요한 선불교 사원과 비슷했다.

모래는 소용돌이 모양으로 고르게 정리해 놓았으며 함부로 발을 올려놓는 그런 곳이 아니었다.

그는 손짓을 하며 욕조가 있는 벽 한 쪽에 세워 둔 작은 의자에 앉으라고 했다.

벽에는 냉온수 수도꼭지가 두 개 있었다. 그 중 하나는 꼭지 하나에서 냉 온수를 조절하게 되어 있었고 위쪽의 다른 하나는 호스로 연결된 샤워기가 달려 있었다.

의자 옆에는 나무 물통이 여러 개 있었는데, 1갤런 정도 물이 담겨져 있었으며 물통마다 손으로 만든 투박하게 생긴 바가지가 들어 있었다.

그는 벽의 수도꼭지에서 따뜻한 물로 물통을 채워 머리에 두세 번 들어부었고 내게도 그렇게 하라고 했다. 그리고 천연 스펀지를 하나 집어 기다란 흰 병에 있는 액체로 된 투명한 비누를 짜서 스펀지에 묻히고 병을 내게 건네주었다. 그리고 그는 스펀지로 온몸에 비누칠을 하며 말했다.

"재미있는 건, 우리 서구인들은 욕조에 먼저 들어간 다음 몸에 비누칠을 하는데, 일본 사람들은 반대로 한답니다. 이유는 많이 있는데, 우선 물이 절약된다는 거죠. 그렇게 하면, 목욕하는 내내 욕조의 물을 깨끗한 물로 계속 채워 줄 필요가 없답니다. 일본 사람들의 성격을 봐서 분명히 그건 다른 사람을 존중하는 것과 관계가 있다고 생각해요. 물도 마찬가지 고요.

다른 사람들 신경 안 쓰고 무시하는 '가이진'만 몸을 안 씻고 그냥 욕조에 들어간다는 겁니다."

"가이진이 누구지요?" 큰소리로 물었다.

"가이진은 일본말로 '외국인'이라는 뜻이죠. 하지만, 내 생각에 그 원 뜻을 순수하게 번역하면 '야만인'입니다. 일본인은 그들이 지구상에서 가장 세련된 문화를 가지고 있으며 다른 '외국인'들은 모두 야만인이라고 생각한답니다." 하 하 하 …

"특히 미국인이 그렇다고 생각하죠."

"아마 그럴 만한 이유가 있겠죠."

그는 머리에서 발끝까지 비누칠을 하고 물통에 다시 물을 채워 적어도 12번은 몸을 헹구었다. 나도 똑같이 따라했다.

그리고 그가 일어서며 말했다.

"자, 일본식 목욕은 뜨겁습니다. 아마 당신이 하는 것보다 훨씬 뜨거울 겁니다."

"아 그래요 난 뜨거운 목욕을 좋아합니다."

그러자, 그는 다시 한번 "이건 굉장히 뜨겁습니다. 샤워를 해서 온도를 점차적으로 올려 최대한 견딜 수 있을 만큼 뜨겁게 한 다음 욕조에 들어가도록 하십시오. 꼭, 그렇게 하세요." 라고 당부했다.

그러나 나는 욕조에 바로 들어가 보고 싶다고 말했다.

그는 미소 띤 얼굴로 머리를 저으며 "먼저 하세요."라고 말한 다음, 정중하게 옆으로 비켜섰다.

나는 바로 욕조에 발을 담갔다. 하지만, 앗! 부리나케 발을 끄집어냈다.

그는 아무 말 없이 바라만 보고 있었다.

"앗 뜨거, 아… 그렇게 하죠.…. 당신이 말한 대로."

후회스러웠다! 그의 입에서 '거보세요, 내가 뭐랬나요?' 라는 말이 나오기만 기다렸다. 하지만 그 말은 결코 나오지 않았다. 그는 그냥 이렇게 말했다.

"좋습니다." 그리고는 욕조에 거의 경건하리만큼 천천히 들어가 앉았다. 물은 그의 목까지 차올랐다.

나는 참을 수 있는 한도까지 최대한 샤워로 몸을 뜨겁게 한 후 들어가 앉을 수 있었다.

"움직이지 마세요." 그가 말했다.

"온도에 적응될 때까지 바위처럼 가만히 앉아있는 게 비결입니다."

나는 지긋이 눈을 감고 그 열기와 싸우면서 서서히 온도에 적응해 갔다. 이제 온몸이 평화로움과 쾌감 속으로 녹아들고 있었다. 마침내 눈을 뜨자, 그가 욕조 가장자리에 머리를 뒤로 젖히고 기대어 있는 것이 보였다. 그는 얼굴에 뜨거운 수건을 덮어쓰고 있었다.

나는 주위를 둘러보았다. 방안은 뜨거운 욕조에서 올라오는 엷고 뜨거운 증기로 가득했다. 지금 이 순간 그는 아마 이야기하고 싶은 기분이 아닐 거라 생각했지만, 그래도 나는 용기를 내어 '무엇이 된다는 것' 에 대해 얘기해 줄 수 있는지 물어 보았다.

그는 얼굴에서 천천히 수건을 걷어 내고는 아주 만족스런 미소를 지어 보였다.

"물론이죠." 그는 깊은 심호흡을 하고 여느 때처럼 질문으로 얘기를 시작했다.

* * *

"당신은 누구입니까?"

'좋아' 나는 생각했다. '역시 간단한 질문이군!' 나는 한동안 아무 말 없이 생각에 잠겼다. 그냥 내 이름을 말하는 것으로는 충분치 않을 것이고 그렇게 말하면 또 다시 질문을 할 것이다. 많은 생각들이 주마등처럼 지나고 마침내 말을 시작했다.

"나는 지금까지 내 모든 경험의 산물입니다. 나 자신과 내 경험에 대해 내가 생각하는 것, 그리고 사람들이 지금까지 내게 이야기한 모든 것, 그것이 바로 나입니다."

그는 내 대답에 깜짝 놀라며 눈을 크게 뜨고 깜빡거렸다. 즐겁게도 이번에는 그가 이 말을 했다.

"놀랍군요." 나에게 하는 말인지, 그 자신에게 하는 말인지 확실치가 않았다.

"솔직히 나는 그런 대답은 예상을 못했습니다. 정말 멋진 답변입니다!"

솔직히 목욕의 최면 때문이었는지, 그에게서 그런 칭찬의 말을 들은 기쁨에서였는지는 몰라도 그 순간 내 기분은 뭐라 말할 수 없이 좋았다.

"고맙습니다." 고맙다는 말 앞에 뭔가 덧붙이는 것도 잊고 그냥 밋밋하게 고맙다고만 말하고 말았다.

"아주 좋아요." 진지하게 나를 보면서 말했다.

"그러면 그 모든 것들, 즉 당신의 생각과 다른 사람들이 당신에 대해 생각하는 것을 합하면 뭐가 되는지 아십니까?"

"에… 내 존재 아닐까요?"

"비슷합니다만, 그것은 바로 자기 존재 의식이 시작되는 곳이며 모든 상황에서의 존재 형태를 결정지어 주는 곳입니다. 그건 결국 믿음의 습관입니다. 자신의 '믿음 시스템' 이라는 거죠. 사람들이 제대로 이해하지 못하는 것 같아서 나는 '믿음 시스템' 이라는 말을 쓰지 않습니다.

대부분의 사람들은 '시스템' 이라는 것은 너무 복잡한 것이어서 변화시킬 수 없다고 생각하죠. 나는 믿음이란 우리가 갖고 있는 사고의 습관이라고 주장합니다. 생각은 바로 습관이기 때문에 어떻게 해서 그런 습관을 갖게 되는지 알 수 있으며, 그걸 바꾸는 방법 또한 알 수 있는 겁니다.

습관은 의식적으로 주의를 기울이지 않고 하는 생각이나 행동입니다. 전혀 인식하지 못하죠. 생각하거나 행동하는 것을 인식하는 그 순간, 그것은 더 이상 습관이 아닙니다. 그건 선택이죠. 의식적인 선택을 통해 습관을 변화시킬 수 있다는 걸 이해할 수 있겠습니까?"

"네." 나는 아주 분명하게 이해했다.

"그래서, 인간은 각자 자기 자신에 대한 믿음의 습관을 가지고 있습니다.

습관이 그토록 중요한 이유는 그것이 우리가 인생에서 소유하는 것, 행동하는 것, 그리고 우리가 존재하는 모습을 결정하기 때문입니다."

나는 또 다시 '가지다, 하다, 되다' 라는 이야기로 돌아오자, 이 부분에 대해서는 여전히 분명하게 이해하지 못하겠다는 얼굴이 되어 버렸다.

"예를 하나 들어보죠." 그가 말했다.

"한참 클 때 나는 좀 뚱뚱했었습니다. 고등학교 졸업 당시 몸무게가 110 킬로그램 이였어요."

나는 깜짝 놀랐다. "정말입니까? 글쎄요. 지금은 그렇게 뚱뚱하지 않은데요. 그리고 이런 목욕을 자주 하시면 훨씬 더 날씬해질 텐데요!"

"맞는 말입니다!"

"하지만 난 거의 30년 동안 85 킬로그램 정도를 계속 유지하면서도 여전히 내가 뚱뚱하다고 생각하며 살았습니다.

내 경험으로는 나 자신을 '뚱뚱하다' 고 볼 수밖에 없었습니다. 더구나 다른 사람들도 기꺼이 그런 경험에 일조를 했죠. 기회가 있을 때마다 나는 알게 모르게 그런 믿음을 더욱더 강하게 믿었던 것 같습니다.

내 마음은 수도 없이 '나는 뚱뚱하다'라는 메시지를 되새긴 거죠.

학교에서는 뚱뚱한 몸 때문에 온갖 농담과 잔인한 모욕의 공격 대상이었습니다.

처음으로 살을 많이 뺐을 때, 꼭 끼는 바지를 샀죠. 스스로 너무 자랑스럽고 기쁜 마음에 그랬던 것 같아요. 그러던 어느 날 나는 깨달았습니다. 너무 꼭 끼는 바지를 입어서 배가 허리띠 밖으로 빠져 나온다는 걸 말입니다. 그래서 나는 여전히 뚱뚱하다는 믿음을 그대로 갖고 살게 되었던 거죠. 나중에 15킬로그램을 넘게 살을 빼고도 내가 뚱뚱하다고 얘기를 한 적이 있었는데, 사람들이 깜짝 놀라는 거였습니다. 그들은 내가 얼마나 보기 좋은지 얼마나 날씬한지 얘기해 주었습니다. 그런 얘기를 몇 년 동안 듣고 나서야 마침내, 내가 뚱뚱하다고 믿는 습관을 날씬하다고 믿는 습관으로 바꾸기 시작했습니다. 그렇게 하는 데 무려 15년이 넘게 걸렸습니다!"

그는 눈을 감고 후회의 몸서리를 쳤다. "정말 아까운 세월이죠."

* * *

그는 한동안 침묵하다 아주 깊게 심호흡을 하고 다시 이야기하기를 시작했다.

"불교에서 인생은 고해라고 합니다."

"난 그 말에 어느 정도 동의합니다. 하지만, 그런 생각이 얼마나 부질없는 것인가는 가르쳐 주지 않습니다. 고통받는 상태, 아니 그 어떤 상태도 변화시킬 수 있습니다. 그 상태에 몰입한다면 말이죠. 그냥 마음만 바꿔 먹으면 되는 일입니다.

사실, 우리가 항상 하고 있는 일이죠. 필요한 것은 의도적으로 그렇게 하는 법을 배우는 것입니다. 나는 그것이 그리스도의 가르침이라고 봅니다. '다른 한쪽 뺨도 내주어라' 고 한 것은 '악을 거부하지 말라. 그냥 마음을 바꾸어라' 하신 겁니다.

믿음의 습관은 다른 모든 습관과 똑같은 방식으로 만들어집니다. 그저 같은 일을 계속 함으로써 더 이상 생각하지 않고 자연스럽게 그 일을 하게 되는 것입니다. 그건 새로운 습관도 똑같은 방식으로 만들어 낼 수 있다는 의미가 되죠. 내가 뚱뚱하다고 믿는 습관을 날씬하다는 것으로 바꿀 때 한 것과 똑같은 것입니다.

난 마음을 바꿔 먹었죠. 처음 그렇게 했을 때, 나는 내가 하고 있는 일을 인식하지 못했습니다. 나는 사람들과 나 자신에게서 듣게 된 '날씬하다는 얘기' 가 뚱뚱하다는 믿음의 습관을 어떻게 바꿔 놓고 있었는지 몰랐습니다.

마음속의 저울로 생각해 보십시오. 저울의 한쪽은 자신의 주된 믿음의 습관을 구성하는 온갖 얘기와 경험의 무게로 크게 기울어져 있습니다. 하지만, 우리는 그걸 변화시킬 수 있습니다. 새로운 습관을 만들어 다른 한쪽에 충분한 무게를 실어 주면서 말입니다. 무슨 얘기인지 이해하시겠습니까?"

양손바닥을 위로해서 손을 들어 저울의 양쪽처럼 위아래로 움직여 보이면서 그가 말했다.

나는 충분히 이해가 되었다.

"좋습니다. "지금까지 내가 말한 것을 사실로서 받아들였다면 가장 먼저 떠오르는 질문은 무엇입니까?"

"먼저 떠오르는 질문은… 습관을 어떻게 바꾸어야 되는지. 라는 질문입니다."

"그래요. 그것은 새로운 것으로 교체하면 되는 겁니다."

"그럼 처음에 있던 습관은 어떻게 해서 생기게 되었습니까?" 내가 물었다.

"그것은 자신이 믿는 것에 대해 생각을 함으로써 생긴 것입니다. 생각하고, 생각하고, 또 생각하고, 얼마 안 가서 더 이상 생각할 필요가 없게 됩니다. 믿음의 습관이 자리를 잡은 거죠. 이제는 그곳에 두고 유지하면서 더 강화해 나가는 겁니다. 기회가 있을 때마다 새로운 내용, 이미 존재하고 있는 믿음의 습관과 일치하는 내용이나 추가할 수 있는 내용, 그러니까 경험, 그 경험에 대해 자신이 하는 얘기, 다른 사람이 그 경험에 대해 말해 주는 것들을 더해 가는 겁니다."

"그렇게 해서 기존의 믿음에 대한 습관을 바꾸기 시작하는 거군요. 그러니까, 뭐라고 하셨죠. 지배적인?··· 주된 믿음?"

"주된 믿음 요." 그가 대답 했다.

"맞아요. 그러니까, 저울의 다른 쪽에 새로운 생각을 더함으로써 자신의 주된 믿음의 습관을 바꾸는 거지요. 맞습니까?"

"맞습니다."

"그럼 새로운 생각은 어떤 겁니까?" 그가 물었다.

"자신이 갖고 싶은 새로운 믿음에 관한 생각이죠."

"그래요!" 그는 욕조에서 벌떡 일어나 밖으로 나왔다.

그는 들리지도 않는 웅장한 행진곡에 맞춰, 심포니 오케스트라 지휘자처럼 두 팔을 힘차게 휘저었다. 그리고 박자에 맞춰 나를 향해 손를 쭉 펴서 가리키며 말을 시작했다.

"그리고··· 그래서···"(다섯 손가락를 오므렸다 폈다 하면서)

"나는··· 지금··· 이렇게··· 말합니다."(네 번 가리키며)

"이런··· 습관을··· 가지라고···"(세 번 가리키며)

"뜨겁게… 되는 습관을!"(두 번 중, 마지막을 강하게 가리켰다.)

그는 웃으면서 "자. 그 습관을 바꿉시다. 지금 당장!"

그는 그 말을 마치자 곧 바로 다른 욕조로 뛰어 들었다. 그는 욕조 속에 머리를 완전히 넣고 호흡을 멈춘 체, 30초 정도가 지나서야 혹하는 소리를 내며 물 밖으로 솟구쳐 나와 큰소리로 "읍, 읍, 후와! 후!"참았던 숨을 내쉬었다.

"이쪽으로 들어오세요! 자, 어서요." 빠른 걸음으로 나오면서 그가 말했다.

나는 그가 나온 욕조로 재빨리 들어갔다. 얼어붙을 듯이 차가웠다. 욕조는 완전히 얼음이었다.

"으아!" 나는 비명을 지름과 동시에 욕조 밖으로 뛰쳐나왔다.

눈에서 물기를 떨어내자 그가 수건을 던져 주었다.

"상쾌 하시죠"

나는 대답할 겨를도 없이 사방으로 뛰어다니며 이렇게 소리쳤다. "우… 우… 우…""이 야호!" 어렸을 적 캠프 때 이후로 그런 행동은 처음이었다.

"이 야호!" 나는 다시 소리쳤다. "후우우!"

수건으로 몸을 닦고 허리 부분에 수건을 두르자, 그가 물었다.

"기분이 어때요?"

"아주 좋습니다!"

"힘이 솟는 것 같은 기분이에요. 이런 목욕을 자주 하시나요?"

"매일요."

"건강을 위해 이보다 더 좋은 건 없는 것 같아요. 물론 정신 건강에도 좋고요. 난 사실 70살입니다. 어때 보입니까?"

"좋아 보입니다. 어르신." 나이에 비해 너무나 젊어 보였다.

"이봐요. 하 하 하…. 우리 가족을 한번 만나 보겠습니까?"

"물론이죠!"

"가족들이 모두 어디 있는지 궁금했어요."

"나도 그래요. 어제 오후부터 보지 못했거든요. 당신이 오기 전부터죠. 나가서 한번 찾아봅시다."

Story 09

가정부 선생님

목욕을 마치고 작은 탈의실 로비에 들어서면서, 나는 우리가 입었던 옷가지가 다 없어진 것을 알았다. 옷이 있던 자리에는 깔끔하게 접어놓은 다른 옷가지가 두 벌 있었다. 하나는 금요일에 내가 입었던 것이었는데 새것처럼 깨끗했다.

나는 옷을 입기 시작했다. 그는 낡은 데님 작업 셔츠만 걸치고 커다란 스카프나 숄 같은 것을 펼쳤다.

'특이 하군'

"그게 뭐죠?" 그가 들고 있는 밝은 색 프린트의 커다란 천을 가리키며 물었다.

"사롱(가운)이라는 겁니다. 자바나 발리 같은 열대 섬이나 태국에서 많이 입죠."

"아름답군요."

"네, 한번 입어보시겠어요?"

"아, 그럴까요." 나는 약간 주저하며 말했다.

"어떻게 입는 거죠?"

붙박이로 된 벽장 가장자리에서 흰색과 진 푸른색 수가 놓인 밝은 푸른색 천을 꺼냈다.

"파란색을 좋아하시죠, 그렇죠?"

"제가요?"

"당신 옷이…" 의자 위에 내 옷가지를 가리키며 그가 말했다.

"모두 파란색이라 서요."

그랬다. 나는 완전히 파란색 옷차림이었다.

그는 사롱을 입는 두 가지 방법을 가르쳐 주었다. 나는 내가 좋아하는 방법을 택했는데, 내가 입는 방식은 그러니까, 좀 더 보수적이고 다소 격식을 갖춘 방식인 것 같았다. 그는 사롱을 몸에 둘러 앞에서 매듭을 지어 묶었다.

나는 그의 꼼꼼한 지시에 따라 천을 몸에 한번 두르고 천의 양끝을 한쪽으로 모아 잡고 천의 양쪽 끝을 집어 몸에 꼭 맞게 앞뒤로 왔다갔다 두 번 접어, 접은 부분을 천속으로 끼워 허리 아래로 접어 넣었다.

이 설명만을 바탕으로 완전히 이해할 사람이 있는지 모르겠다. 그건 넥타이를 매는 것처럼, 어떻게 되는 건지 알기 위해서는 직접 해 봐야 하는 그런 일이었다.

집안으로 들어가면서 내가 물었다.

"우리 옷이 어떻게 거기에 있었죠? 누가 들어오는 소리는 못 들었는데요."

"아마, 레이첼일 거예요. 내 아내죠. 딸 레베카였을 수도 있고요. 아니면 카쥬코거나, 그녀는 우리를 돌봐 주고 있는 사람이죠."

"카쥬코." 나는 나의 발음소리를 들어보려고 따라 해 보았다.

"일본식 이름이군요?"

"예. 내가 일본과 관련된 것을 좋아한다는 걸 눈치 채셨군요!" 그가 웃으며 말했다.

"카쥬코상은 정말 재미있는 사람입니다. 하지만 그녀는 아주 까다롭기도 하답니다."

나는 그가 진심으로 하는 말인지 확실히 분간할 수가 없었다. 그런 내 생각을 눈치 챘는지 그가 덧붙여 말했다.

"정말입니다. 만나보면 알게 될 겁니다."

그는 모네 그림이 있는 거실로 들어가 자리를 안내하고 프랑스의 커다란 시골 풍 옷장 같이 생긴 곳에서 문을 활짝 열고 뭔가를 찾는 듯 했다. 뭘 하는지는 보이지 않았다. 아마 그곳은 그의 스테레오가 있었는지 곧 음악이 흘러 나왔다.

"컨트리 음악인가요?"

"예, 나는 취미와 재능이 다양한 사람이거든요."

"자, 잠깐 가요퀴즈. 저 가수는 누굴까요?"

"아… 음, 에밀루 해리스?" 내가 아는 유일한 컨트리 여가수 이름을 대며 말했다.

"추측은 좋았어요."

"K. T. 오슬린 입니다."

난 컨트리 뮤직을 그렇게 좋아하는 편은 아니다. 어리석은 생각일수도 있겠지만, 그 음악은 나와 다른 감성의 사람들을 위해 존재하는 것만 같았다. 적어도 그때까지는 말이다. 나는 한 번도 컨트리 뮤직을 그렇게 열심히 들어 본 적이 없었으며 K. T. 오슬린의 노래는 내 마음속 깊이 감동을 전해주었다.

'참, 대단한 경험이야' 나는 생각했다. 프랑스 시골풍 고가구에 숨겨져 있는 스테레오, 벽에 걸린 모조 모네 그림, 이제 막 일본식 목욕을 하고 나와 여기 이렇게 사롱을 입고 앉아 컨트리 뮤직을

세상에서 가장 위대한 네트워커

들으며… '낯선 곳의 이방인(Strangers In a Strange Land)'을 얘기하다니, 난 너무나 기분이 좋았다.

"아, 가이진 상… 오늘은 라클롤(로큰롤) 아니 구요? 하지만 아주 조아요(좋아요)."

방 저편에서 낯선 목소리가 들렸다. 나는 몸을 돌려 자그마한 일본 여자를 보았다. 그녀는 아주 긴, 검은 생머리를 뒤로 묶었으며 밝은 색 운동복을 입고 있었다. 나이가 몇 살쯤인지 도무지 짐작조차 할 수 없었다. 서른, 서른다섯. 어쩌면 그보다 더 먹었을 수도 있고 아니면 훨씬 더 어린 것 같기도 했다. 작은 얼굴에는 주름 하나 없었다.

위대한 네트워커가 옷장 문을 닫고는 일본여자가 있는 곳을 향해 말했다.

"오호."

그러자 그녀는 춤추듯 층계를 내려와 큰 걸음으로 내게 상큼상큼 다가왔다. 마치 공이 통통 뛰는 것 같은 모습으로…, 얌전한 동양 여성에게서 전혀 예상치 못했던 행동이었다. 그녀는 손을 내밀며 이렇게 말했다.

"안녕하세요. 난 카쥬코에요. 만나서 정말 기뻐요." 그런데 일본인의 억양을 전혀 느낄 수 없었다.

나도 만나서 반갑다고 인사를 했다. 나는 잠시 할 말을 생각했다.

"아, 당신이 탈의실에 새로 입을 옷을 갖다 놓으신 분인가요?"

"네, 맞아요. 살며시 불을 피우고 옷을 갖다 놓았죠."

그녀는 눈을 반짝이며 미소 짓는 얼굴로 말했다

"마실 것 좀 드릴까요?"

"손님은 뭘 드시겠습니까?"

"난 아이스티를 좋아하는데, 괜찮을까요?"

"나도 아이스티로 할게요." 위대한 네트워커가 말했다.

곧바로, 카쥬코는 마치 레스토랑에서처럼 손뼉을 두 번 치며 큰 소리로 말했다.

"바비상, 거실에 아이스 티 석잔 부탁해요, 오케이?" 집 깊숙한 곳 어디선가 "오케이, 금방 갈게요."라는 소리가 들렸다.

그때, 위대한 네트워커가 카쥬코에게 말했다. "그럼, 우리와 동석하는 걸로 알겠습니다. 어린 아들의 머릿속에 쓸데없이 너무 많은 것을 넣지 못하도록 하고 당신과 음료수를 마시며 시간을 같이 하기 위해서죠."

우리 셋은 좀 더 얘기를 나누었다. 그녀가 그를 '가이진' 이라 부르는걸 보고 그 이유를 물었더니, 그녀는 웃으면서 둘 사이의 농담이라고 말했다.

　그녀가 말하기를 위대한 네트워커는 그녀가 일본에서 만난 미국인 중에 일본 문화의 가치를 이해하고 또 편하게 느끼는 몇 안 되는 사람이라고 했다. 하지만 그를 가이진 이라 부른 것은 그와의 선을 유지하려는 그녀 나름의 방법이라고 덧붙였다. 그녀는 정말 행복한 여성이었다.

　그의 아들 바비가 가지고 온 쟁반 위에는 3잔의 차가 놓여 있었다.　바비는 10살 정도의 잘생긴 어린 소년으로 똑똑해 보였으며 나는 바비와 인사를 나누었다. 그의 아버지가 자리를 같이 하고 싶은지 묻자, 바비는 "아니, 괜찮아요." 프로젝트를 진행하는 중이라 나중에 보겠다고 하면서 저녁식사 때까지 내가 있을 것인지 물었다. 그러자 그의 아버지가 내게 물었다.

　"그렇게 하시겠어요?"

　"물론이죠."

　바비가"잘됐네요, 나중에 뵐게요." 하면서 방을 나서자, 아버지가 물었다.

　"네 프로젝트가 뭐냐?"

　바비는 방으로 다시 한 발짝 들어서며 말했다.

　"실내 재배용 유리 용기를 만들고 있어요."

"학교에서 하는 거냐?" 의자 뒤쪽으로 머리를 최대한 뻗어 아들을 거꾸로 보며 아버지가 물었다.

"아뇨. 엄마 드릴 거예요."

"도와줄까?"

"예."

바비는 아버지의 제의에 기뻐했다.

"하지만 지금 사업 얘기하시는 것 같은데요."

"아니, 인생 얘기 중이야. 그런데 말이다, 우리가 뭐 하는지 아들한테 물은 기억이 없는데."

"아빠 아–!" 소년은 일부러 짜증난 듯한 소리로 말했다.

"어쨌든 아들아, 그렇게 물었니. 안 물었니?"

"네, 아버지 말이 맞아요. 온 세상을 통틀어 가장 위대한 아버지."

아버지가 던진 베개를 재빨리 받아쳐 바닥에 떨어뜨리며, 바비가 말했다. 그리고 베개를 얼른 주워, 짐짓 '자, 받아라.' 는 듯한 동작으로 아버지에게 다시 던지자, 그는 일어나 거실 밖으로 발걸음을 옮겼다. 그때 바비가 말했다. "이거 있던 자리에 다시 갖다 놓으세요. 훌륭한 아버지."

그러자 위대한 네트워커는 크리스마스 캐롤이라는 영화에서 크리스마스 날 아침, 스크루지가 하는 말을 흉내 내며 말했다. "똑똑한 녀석, 귀여운 녀석. 1년 더 우리랑 같이 살게 해 줘야 되겠구면."

그는 아놀드 슈왈츠제네거처럼 "다시 돌아오겠소."라는 말을 덧붙이면서, "카쥬코상, 내 친구와 말동무 좀 부탁해요."

그리고 재빨리 바비를 끌어안고 들어올리자, 바비의 몸부림과 함께 너무 간지러워서 나오는 듯한 웃음소리가 울려 퍼졌다.

나는 카쥬코가 어떻게 위대한 네트워커를 만나서, 그의 가족과 함께 살게 되었는지 물어 보았다.

"일본에서 만났죠. 얼마나 되었더라?"

생각을 더듬으며 그녀가 말했다.

"9년, 아니 이제 10년이죠. 그는 일본에서 네트워크 마케팅 사업을 시작하고 있었고, 나는 그의 첫 미팅에서 그를 만나게 되었죠.

나는 한 부유한 사업가 집에 가정부로 일하면서 요리하고 청소하고 아이들도 돌봐주었습니다. 일본에서는 보기 드물게 여러 면에서 대단히 서구적이었고 엄마 아빠가 모두 일을 하는 그런 가정이었죠. 그들은 미국에서 교육을 받았어요. 두 사람은 미국에서 만났고 내가 그들을 만난 곳도 미국이었죠."

"모두 같은 학교에 있었나요?"

"예. 남편은 경영학 석사 과정을 밟고 있었고 부인은 국제법을 공부했는데, 그 당시 일본 여성으로서는 특이한 경우였죠."

"무슨 대학이었죠?"

"예일 요."

"당신은 무슨 공부를 하셨나요?"

"예일과 동경 대학간에 드라마 전공 학생들을 서로 교환하는 문화교류 프로그램이었는데, 나도 그렇게 해서 예일에 가게 되었어요."

"이상하군요. 당신은 예일을 다녔고 다시 일본으로 돌아와 가정부가 되었다고요?"

카쥬코가 웃었다.

"네, 분명히 이상하게 생각될 거예요. 하지만 난 가정을 돌보며 가족의 일부가 되는 것이 너무나 행복해요. 내 아이들은 지금 다 커서 모두들 자기 가정을 가지고 있지요. 그리고 난 이 가족을 대단히 사랑해요. 내가 그들을 선택했죠."

나는 그런 의외의 사실에 놀란 내 표정을 그녀가 눈치 채지 못했기를 바랐다. 그리고 나는 주저하면서 물었다.

"카쥬코, 실례지만, 나이가 어떻게 되시죠?" "쉰 여섯요." 나는

세상에서 가장 위대한 네트워커

정말 믿기 어렵다고 말했다. 그녀는 미소 지으며, 내가 호감 있는 예의바른 사람이라며 칭찬을 했다.

우리는 오랜 시간동안 이야기를 나누었다. 그녀는 내가 얘기해 본 사람들 중에 가장 편안한 사람이었으며 너무나 자연스럽고 부담이 없었다.

그녀는 가장 위대한 네트워커가 처음 일본에 갔을 때의 일, 첫 기회의 미팅, 그와 함께 일하게 되어 자신이 얼마나 흥분했었는지에 대해 얘기를 해주었다.

그녀는 미국에 있을 때, 네트워크 마케팅에 대해 알게 되었으며 그것이 일본 사람들에게 가장 완벽한 사업이라고 늘 생각해 왔었다고 했다.

다른 회사들이 그보다 앞서 일본으로 진출했었지만, 대부분은 일본인들만의 특별한 문화와 정서를 반영하는 그런 시장변화와 조정 작업을 이루어 내지 못했다고 말했다.

즉, 제품 포지셔닝은 어떻게 할 것인지, 어떻게 포장을 해서 소비자에게 선을 보일 것인지 등등 말이다. 하지만 그의 회사는 달랐다. 철저한 사전 작업을 했던 것이다.

첫 미팅, 공식 사업 설명은 1시간 반 정도였지만, 장장 6시간이나 계속되었다고 했다. 참석자 모두가 긴 시간 내내 떠나지 않고 네트워크 마케팅이 어떤 사업인지, 미국에서는 어떻게 이루어지고 있는지, 일본에서 어떻게 하면 성공적인 사업이 될 수 있는지에 대해 그 위대한 네트워커에게 질문하고 또 질문했다고 했다.

시간이 흐르면서 그 미팅은 네트워크 마케팅에 대한 세미나 양상을 띠게 되었고 그 위대한 네트워커는 사람들의 질문에 일일이 답하며 이 사업을 어떻게 하면 성공할 수 있는지에 대해, 그가 가진 모든 아이디어와 정보를 참석자들에게 설명해 주었다고 카쥬코는 말했다.

다른 네트워크 회사에서 일을 하고 있는 사람들도 많았는데, 그는 그들에게도 제품을 제시하고 사업을 구축하는 새로운 방법을 가르쳐 주며 일본네트워크 시장의 성공을 위해 많은 노력을 해왔다고 했다.

"사람들은 많은 기대와 놀라움을 금치 못하였답니다."

"그들에게 그렇게 많은 정보와 자기만의 비결을 기꺼이 얘기해 주는 사람은 한 번도 만난 적이 없었던 거죠. 다른 회사에서 이미 일하고 있는 사람들 중에 몇몇은 그와 계약을 할 수 있느냐고 물었지만, 그는 그렇게 하지 말라고 하면서 그들이 소속된 곳에서 열심히 일을 계속 하라고 했으며 언제든지 도움이 필요하다면 기꺼이 도와주겠다고 말했습니다."

"그 밤은 정말 내 인생을 바꿔놓는 계기가 되었지요."

"어째서요?"(바로 지난 목요일이었던가? 그때 느꼈던 것을 생각하면서 나는 물었다. 벌써 몇 주전의 일인 것 같았다.)

"수많은 업계 실력자들이 참석했는데, 모두들 자기가 일본의 책임자가 되고 싶어했죠. 그는 대단히 공손하고 정중하게 기다려 줄 것을 요청했습니다. 그는 회사 사장이 다음 주에 도착할 예정이며, 일본에 적용할 사업구조와 사업주 인물선정은 회장이 직접 하게 될 것이라고 설명해 주었습니다. 거의 모든 사람들이 그와 만날 약속을 했습니다. 분명, 거기 왔던 모든 사람들이 자신을 과시해서 '최고', 그러니까 일본 제1의 디스트리뷰터가 되겠다고 말했습니다."

나는 미팅의 마지막 순간까지 남아, 참석자 모두가 나갈 때까지 기다렸습니다. 그리고 그에게 다가가 이렇게 말했죠. "구경할 일정은 잡아 두셨나요?" 그러자, 그는 다음 3일을 바로 그런 목적으로 남겨 두었다고 말했습니다. 그럼 제가 가이드역할을 해주면 어떨지 물어 보았고, 그는 흔쾌히 허락을 하였답니다.

"다음날 아침 일찍, 우리는 그가 묵은 호텔에서 만나 아침을 먹었습니다. 식사 후 정신없이 분주한 유람 여행이 시작되었지요."

카쥬코는 정말 그 당시 여행의 즐거움과 피곤을 다시 경험하는 것처럼 보였다.

그녀는 그들이 방문했던 모든 장소에 대해 말해 주었으며, 그가 가장 가보고 싶어하던 히로시마 평화 공원을 방문했을 때 얼마나 감동을 받았는지, 감격하는 그 모습이 그녀를 뿌듯하면서도 혼란스럽게 했다고 말해 주었다.

전통적으로 짠, 일본의 아침 식사와 늦은 밤부터 새벽까지 스시(sushi)술집들을 배회한 것, 순식간에 일본열도를 가로지르는 유명한 '총알기차' 신칸센을 기다리는 사이 맛보았던 김이 모락모락 나는 국수, 그리고 1인당 5백 달러가 넘는 정식 코스가 11개나 되는 가이세키(Kaiseki) 만찬에 이르기까지 그가 일본 음식을 얼마나 좋아하는지 상세히 말해 주었다.

카쥬코는 평생 자기가 사는 나라에서 그렇게 짧은 시간에 그렇게 많은 곳을 다녀 본적은 없었으며 바쁜 여행이었지만, 둘 다 너무나 멋진 시간을 보냈다고 말했다.

카쥬코에게 여행지 중 가장 의미 있었던 곳은 나라(Nara)에 갔을 때인데, 나라는 일본에서 가장 전통적이고 가장 아름다운 도시라고 설명했다. 그녀는 현대 일본 그 어느 곳에서보다 키모노(일본 전통 복식)와 오비(허리띠)를 입은 사업가들을 나라에서 쉽게 볼 수 있다고 말했다.

그들은 나라 호텔에 묵었는데, 짚으로 된 바닥 매트의 다다미방에서 바닥 위에 층층이 깔아 놓은 후돈(일본식 이불이라고 그녀가 설명했다)위에서 잤다고 했다.

신도 사당과 불교 사원, 그리고 전통 찻집으로 유명한 도시 나라. 그곳에서 그녀가 지금껏 본 중에 가장 아름답고 평화로운 정원으로 둘러싸인 너무나 멋진 집을 마주치게 되었는데, 카쥬코가 그에게 이 집이야말로 언제나 살고 싶었던 그런 집이라고 말하자, 그 집을 사고 싶냐는 그의 말에 어처구니없어 했으며, 그런 멋진 집은 결코 사지 못할 거라고 말했다고 했다.

"나도 그의 집에 대해 똑같은 얘기를 했는데요."

"아, 그래요?" 꿈을 소중히 간직하세요. 나는 이제 나라의 그 집에 산 지 6년이에요."

나는 놀란 표정을 지으며 오랫동안 그녀를 쳐다보았다.

그러자 그녀가 침묵을 깨며 이렇게 말했다. "입 좀 다물어요. 파리 들어가겠어요."

세상에서 가장 위대한 네트워커

Story 10

자유와의 약속

 나는 방금 해준 얘기를 이해하려 애쓰며, 그녀를 뚫어지게 바라보았다. 그녀는 내가 뚫어지게 바라보는 것을 겸손하게 못 본 척하며, 그의 첫 일본 방문에 대한 회상을 계속했다.

 마침내 동경에 돌아갔을 때, 그가 묵고 있던 임페리얼 호텔의 스위트룸에 앉아 일본에서 네트워크 마케팅 사업을 구축하면 어떻겠느냐고 그가 카쥬코에게 물었다고 했다. 그러한 작업을 이끌 사람으로 누구를 선택하고 싶은지, 누구와 함께 일하고 싶은지, 누구에게 스폰서를 받고 싶은지 등등.

 "당시 그건 내가 대답할 수 있는 이상의 질문이었어요." 그녀가 말했다.

"나는 그 일이 그에게 엄청나게 중요하다는 걸, 잘 알고 있었지요. 하지만, 솔직히 그 미팅에 왔던 사람 가운데, 누구를 선택하더라도 멋진 선택이 될 것이라고 생각했고 그에게 내 생각을 그대로 말했습니다."

"그렇지만, 난 그 사람들 중에 네트워크 마케팅 경험이 있는 사람이 없다는 걸 걱정했어요. 그런데 그는 오히려 더 좋은 상황이 될 수 있다고 말했고 그런 경우, 이 사업에 대해 이미 알고 있는 사실을 고쳐 배울 필요가 없다는 것이 그의 설명이었습니다.

네트워크에 대해 잘 알고 있다는 생각을 바꾸지 않고서는 기존의 세일즈와 마케팅 방법을 다 버리게 하는 건 어려운 일일 테니까요.

우리는 오랜 시간 얘기를 나누었습니다. 사실 다음날 아침까지 이어졌죠. 일본에서 가장 적합한 것, 일본 사람들이 어떻게 일하고 사는지, 그들의 삶에서 가장 중요한 가치와 원하는 것이 무엇인지에 대한 내 생각을 얘기했죠. 나는 그가 생각하고 있는 것을 듣고 싶어했지만, 그는 내 말만을 듣고 있었죠."

"무슨 말인지 잘 압니다." 내가 카쥬코에게 말했다.

"그는 내가 만난 사람들 중에 가장 질문을 많이 하는 사람입니다."

우리는 같이 웃었다. 그때 가장 위대한 네트워커가 거실로 들어와 의자에 앉더니 카쥬코와 나를 보며 말했다. "그래, 카쥬코가 즐겁게 해 줬나요?"

"예, 당신을 어떻게 만났는지 얘기하고 있었어요. 당신이 일본에서 어떻게 네트워크 사업을 시작했는지, 또 당신이 질문을 못하게 한 것에 대해서도 얘기했죠. 마지막 얘기는 아주 익숙한 얘기더군요."

"카쥬코가 일본의 네트워크 책임자였다는 것도 얘기했나요?"

"아니오." 나는 놀라면서 말했다. "얘기 안했는데요."

"카쥬코상, 진실을 말해 줘요."

"예, 사실 그는 사업 책임자로 나를 선택했어요."

"그는 그 문제로 엄청난 공격을 받았죠. 처음에는 말입니다. 그의 회사 경영진에서는 더욱 실력 있는 사업가를 원했지만, 그는 가정부인 저에게 맡기라고 계속 주장했어요." 그녀가 살며시 미소 지었다.

"그 사람들이 어떻게 생각했을지 상상할 수 있겠어요? 어쨌든, 그는 내가 가장 적임자라고 말했습니다. 그 사람들이 그 문제로 엄청나게 논쟁을 벌이게 된 걸 충분히 이해해요."

"아니, 논쟁은 없었어요." 그가 말을 잘랐다.

"그저 그들에게 가장 이익이 되는 거래를 하게 한 것뿐입니다."

"그래요. 분명 그랬죠." 그녀가 미소 띤 얼굴로 나를 보며 다시 말을 시작했다.

"그는 1년간 그 자리를 나에게 맡겨보자고 주장했죠. 또한 내가 그들의 판매 수익과 디스트리뷰터 목표(100%)를 넘지 못하면, 12개월간 그의 커미션을 회사에 넘기겠다고 까지 했습니다!

"정말입니까?" 나는 또 한 번 놀랐다.

"네. 게다가, 그는 그 사실을 결코 나에게는 말하지 않았습니다. 그 회사 회장과 미국에서 온 회사 간부들이 1주년 기념 미팅 차, 일본에 왔을 때서야 비로소 그런 사실을 알게 되었죠."

"판매 목표가 얼마였는지 말해 주시죠. 카쥬코." 그가 말했다.

"네. 첫해 말까지 일본에서 한 달에 50만 달러를 올리는 거였어요."

"당신의 판매 실적도 얘기해 주세요. 카쥬코"

"아니, 당신이 말하세요, 가이진 상." 일부러 불쾌한 척하며, 그에게 떠넘겼다.

"여기 이 작은 가정부께서는 우리 회사 역사상 가장 빨리 성장하고 가장 성공한 디스트리뷰터였어요. 전 세계적으로 말입니다. 그녀 밑에 있는 그룹은 일본 전역을 포함했는데, 첫해 총판 수익으로 1천 1백만 달러가 조금 못 미쳤습니다. 그리고 카쥬코는 사업 2년이 되기 전 백만장자가 되었어요."

"믿을 수가 없군요!" 내가 정말로 굉장히 충격을 받은 모습이었나 보다. 둘 다 내 얼굴을 가리키며 웃음을 터뜨렸으니 말이다.

"친구." 위대한 네트워커가 내 쪽으로 몸을 기울이며 말했다.

"이 사업에서는 자신의 믿음에 대한 습관이 가능하다고 생각하는 것만큼 성취하게 됩니다. 내가 카쥬코를 선택한 이유는, 그녀는 어떤 일이든 가능하다고 믿는다는 걸 알았기 때문입니다.

일본에서 네트워크 마케팅에 대한 그녀의 패러다임에는 한계가 없었습니다. 또 자기 자신에게 있어서도 한계가 없었습니다. 이루어질 수 없다는 것은 믿지 않았죠. 이룰 수 없다고 말하는 사람들 얘기에는 귀를 기울이려고도 하지 않았습니다."

그러자, 카쥬코가 미소 지으며 말했다.

"그건 사실이에요. 뭐, 모르는 게 약이었죠. 하하하"

"나는 내가 원하는 것은 무엇이든 할 수 있습니다. 내 가슴과 머리가 정한 것은 무엇이든 할 수 있다고 믿도록 나를 길러 주신 부모님을 만난 것은 정말 축복 받은 일이에요. 그건 보통의 일본 여자들이 성장기에 배우게 되는 교육과는 다른 아주 특별한 것이었어요. 게다가 여기 내 소중한 친구는 사업 시작을 위해 거의 6개월 동안 매일 눈뜨고 있는 시간은 거의 같이 보냈죠. 내가 한 일은 그냥 그를 따라 다니며 내가 배운 것을 옮기고 실천하는 것이었어요. 그 당시에 그에게서 배운 것은 그 무엇보다도 소중한 교훈이었습니다. 그렇게 배운 것을 이제는 내게 속한 사람들에게 다 전수해 주고 있죠."

"리더가 몇 명이나 되나요?" 내가 그녀에게 물었다.

"핵심 리더는 9명이예요."

"그럼 전부 몇 명이나 스폰서 했나요?"

"아마, 50명쯤. 10년 만에요?"

"예! 정말요?"

"네, 10년 만에요. 여기 내 선생님의 가르침 덕분이지요. 선생님께서는 크게 성공한 네트워크 마케터의 대부분 수입은 자기 다운라인의 리더 디스트리뷰터가 구축한 2개 내지 5개 정도의 개인 디스트리뷰터 그룹에서 생긴 판매액에서 나온다는 사실을 내게 말해 주었죠. 그리고 그런 리더를 네다섯 명 찾으라고 했습니다.

자기에게 새로 들어온 사람들이 처음 사업을 시작할 때, 성공을 위해 리더가 될 마음의 준비가 되었는지 물어 보고, 그런 약속을 한 사람들을 훈련하는 데 혼신의 노력을 다하라고 충고 해주었습니다. 그래서 나는 그렇게 실행했습니다."

"그럼 그런 약속을 별로 원하지 않는 사람들은 어떻게 했나요?"

"나는 그 사람들이 원하는 것을 주었어요. 기억하세요? 나는 가정부예요. 나는 사람들을 돌봐 주는 일을 하죠. 사람들을 도와주되, 그들이 처한 위치에서 그들이 원하는 목표 달성에 필요한 만큼의 시간과 관심을 쏟아 주었지요. 하지만, 난 내가 원하는 것에 대해서는 분명히 했습니다. 나는 사업을 스스로 키워 나가는 리더를 원했습니다. 예상 고객이나 신규 디스트리뷰터가 원하는 것에 대해 결코 내가 판단하지 않았습니다. 그들에게 물었죠. 처음에는 대규모의 네트워크 조직을 구축하는 것에 대해 원치 않는 사람도 있었습니다.

엄청난 성공이 자신에게 가능한 일이라는 것을 믿지 않기 때문이라는 걸 나는 알고 있었죠. 그래서 나는 그들이 진정으로 성취하고 싶은 것을 가지려 할 때, 그들을 떠받쳐 주는 믿음의 습관을 구축하는 일에 항상 힘을 쏟았습니다.

지금 내 리더들 중에 많은 사람들은 시작할 당시에 그런 일을 할 수 있다는 생각을 가지지 못한 사람들이 대부분 이었습니다."

"지금도 스폰서하나요?"

"아, 그럼요."

"하지만 자주 하지는 않고 직접적으로도 잘 하지 않습니다. 나는 주로 다운라인의 스폰서 활동을 도와줍니다. 아주 적극적인 자세를 가진 사람을 만나게 되면, 내 사람들 중에 같이 일하면 좋을 사람과 서로 연결시켜주곤 합니다."

사실 이런 얘기는 이전에도 들었고, 책에서도 읽었고, 네트워크에 관한 잡지나 신문 인터뷰에서도 읽었다. 하지만, 그렇게 하는 사람과 정면으로 마주보고 앉아 얘기한 적은 없었다.

내 믿음의 습관은 정말 내 능력 이상을 발휘하게 하는 그런 교훈을 얻고 있었다.

"카쥬코."

"지금쯤 당신은 은퇴할 수 있을 것 같은데, 왜 가정부 일을 계속하시죠? 왜 계속…"

"가정부 일을 계속하는 건 내가 좋아서 하기 때문이에요. 이것보다 더 하고 싶은 일은 없어요. 이 일로 먹고살아요."

그리고 그녀가 먹고산다는 말을 강조한 것은 그것이 그저 일이나 직업 이상의 것을 의미한다는 사실이 분명했다.

"나는 지금도 가정부예요." 그녀는 미소 지었다.

"내가 좋아하기 때문이죠. 사실, 가정부 일은 네트워크 마케팅의 리더십에 훌륭한 교육이라는 걸 깨닫게 됐어요. 정말입니다."

마치 내 얼굴에 나타난 불신에 대해 대답하듯 그렇게 덧붙였다.

세상에서 가장 위대한 네트워커

"네트워크 마케팅은 사람을 돌보는 일이에요. 그리고 난 사람 돌보는 걸 좋아하고요. 특히 여기 가이진 상을 요." 한쪽 엄지손가락으로 무뚝뚝하게 그를 가리키며 말했다. 하지만, 짐짓 무관심한 듯 하는 그의 태도에서 그녀에 대한 각별한 애정을 느낄 수 있었다.

"이 사람은 내 '센 세이'죠. 내 정신적 지도자예요. 그와 함께 지내는 건 내게 영광이에요. 나는 끊임없이 그에게서 무언가를 배워요. 그의 가족들 속에 서도요. 레이첼을 아직 못 만나 보셨죠?"

"그럴 거예요." 그가 말했다.

"오늘 보았나요. 카쥬코?"

"아니오. 못 봤어요."

"오늘이 25일인데, 대회 하는 날인가요?"

"봄에는 거의 매일 매일 대회죠."

"오늘 날씨가 맑은 것 같은데. 내 실행 수첩을 살펴봐야겠소, 저녁 식사 약속을 한 건 알고 있는데"

"실행 수첩이 어떤 거지요?" 내가 물었다.

"약속 수첩 같은 겁니다."

"가족과 약속을 하시나요?"

"네. 아내 레이첼과 아이들하고도 하죠."

"아…" 나는 주저하면서 물었다.

"가족과 약속에 대해 얘기 좀 더 해주시겠어요?"

"물론이죠. 뭘 알고 싶으세요?"

"글쎄요. 자기 가족과 약속을 한다는 건 좀 이상한 것 같군요."

"좋은 의견입니다."

"그럼, 뭘 알고 싶나요?"

"그러니까, 아… 좀 냉정한 것 같지 않나요?"

"그렇지 않습니다."

"우리 가족한테는 좋은 것 같아요. 나는 사업상 약속과 가족과의 약속도 합니다. 약속을 하면 지키는 데 도움이 되죠. 그것은 내가 반드시 하겠다는 의지입니다."

"하지만, 그렇게 하면 자연스러움이 없어져 버리지 않나요?"

"오히려 그 반대입니다."

"그건 내가 자연스러운 시간을 갖는 한 방법입니다." 내 혼란스러운 표정을 보고 그가 말했다.

"설명해 드리죠."

"가족보다 일이 더 우선 있었죠. 사실 일 때문에 가족을 너무 소홀히 했어요. 나는 일을 사랑해요. 그보다 더 하고 싶은 건 없어요. 그 때문에, 나는 가족을 뒷전으로 제쳐 두고 있었던 것입니다.

내가 필요할 때만 그들을 찾곤 했지요. 일을 다 마치고 남는 '자유시간'이 있을 때 말입니다. 그러다 어느 순간 더 이상 내게 '자유시간'이 없다는 걸 알았습니다. 약간의 여유라도 생길라치면, 꼭 다른 일이 생기곤 했죠. 내 생활은 항상 스케줄로 빽빽했고, 가족뿐 아니라 나 자신을 위한 시간조차도 없었습니다. 그래서 나 자신에게 물었죠. 뭐가 잘못된 거지? 가족과 같이 할 시간을 만들기 위해, 내가 하고 싶은 일을 할 시간을 만들기 위해 뭘 해야 하지? 두 가지가 빠져 있었습니다.

첫 번째는 간단한 거였죠. 약속을 하고 지키는 겁니다. 그건 할 수 있다는 걸 알고 있었습니다. 나는 사업상의 약속을 하면 그건 철저하게 지켰으니까요. 그건 간단해 보였습니다. 쉬운 건 아니었지만, 어쨌든 간단한 것이었습니다. 사업에서도 그렇게 할 수 있다면, 내 생활의 다른 모든 부분에서도 그렇게 못할 이유가 없었습니다. 그래서 나는 레이첼과 아이들과 함께 하는 시간에 대해 약속을 하기로 했습니다.

나는 내가 하려는 일이 어떤 것인지, 왜 그렇게 하려는 지를 가족들에게 설명했고, 가족들은 모두 내가 하려는 일을 도와주기로 동의했습니다. 우리는 모두 그걸 단순한 약속이 아니라 반드시 해야 할 일로 보았기 때문이죠, 나는 레이첼과 약속을 했습니다. 저녁 약속, 아이들이 자러 간 후 비디오 보는 약속, 쇼핑 약속, 운동 약속, 심지어 지방 호텔에서 두 번의 주말 세미나 계획도 세웠습니다."

"레이첼과 나는 각자의 일과 생활에 대해 이야기하기로 아침 9시부터 30분간 시간을 정해 놓았습니다. 각자 다른 곳에서 아침을 맞이할 때는 전화로 얘기를 나누기로 했고요.

나는 바비와도 약속을 했습니다. 나는 내 아들 바비를 '재미 코치'로 고용했습니다. 재미 역시 내게 빠진 부분이라는 걸 알았기 때문이죠. 당신도 알겠지만, '공부만 하고 놀 줄을 모르면 바보가 되기 십상이죠.' 바비와 나는 가끔 공놀이를 했는데. 그게 계기가 되어 티볼 코치가 되었던 거죠. 우리는 산책도 가고 모험도 했습니다. 나는 아들 녀석이 내 코치가 되어 내게 방법을 가르치도록 했습니다.

*   *   *

딸 레베카의 경우에는 처음에 좀 힘들었습니다. 말 타는 것 외에 레베카의 유일한 제안은 같이 쇼핑을 가는 것이었어요. 돈주머니 역할을 하는 아버지로 말이죠. 나는 이미 그 역할을 알고 있었기 때문에 우리는 그냥 말 타는 것에 충실하기로 했습니다.

내가 말을 타지 않은지가 그러니까…" 그는 곰곰이 생각하더니,

"…아마 거의 20년이 다 되었지요. 더구나 나는 미 서부식 안장에서만 말을 타 봤는데, 요즘 레베카는 영국식 승마를 가르쳐 주고 있습니다. 점프하는 법도 가르쳐 주고요. 레베카는 훌륭한 선생님이에요. 요즘 나는 일주일에 두 번 레베카에게 레슨을 받습니다.

나는 레베카에게 학생이자, 고객이면서 동시에 돈을 내는 소비자죠. '냉정하다' 거나 '자연스럽지 못하다는' 문제는 결코 없습니다. 중요한 것은 이렇게 하는 것이 나와 가족에게 새로운 힘을 부여하느냐, 부여하지 않느냐 죠. 이 방법은 오랫동안 분명 문제가 없었습니다. 그래서 나는 결론을 내렸죠. 이 방법은 내게 효과가 있다고요. 당신에게는 어쩌면 효과가 없을지도 모릅니다."

"아니오. 그렇지 않을 것 같습니다. 이해할 수 있을 것 같아요. 인생의 두 부분에 균형을 잡아 주는 멋진 방법인 것 같습니다. 나도 한번 해보고 싶군요. 가족과의 약속을 포함해서 그런 식으로 실행 수첩을 만든다는 건, 믿음의 습관을 만들어 내는 좋은 방법 같은데요. 아닌가요?"

"정말 빨라요. 아주 영리하군요." 위대한 네트워커는 바비에게 했던 것처럼 약간 스크루지 같은 소리를 내면서 그렇게 말했다.

"습관에 대한 우리 얘기를 마저 할 수 있을까요?" 내가 물었다.

"그럽시다!"

"하지만, 먼저 기억하세요. 내 인생에서 정말 원하는 일에 마음껏 시간을 보내기 위해서는 두 가지가 빠져 있었다고 얘기했었지요."

"네, 그랬습니다."

"약속을 하고 지키는 것이 그 하나였죠. 다른 하나는 뭐였지요? 내가 가족과 지키기로 한 일을 소중히 생각하며 실천하기로 했을 때, 나와 가족에게 새로운 힘을 부여하느냐, 부여하지 않느냐였죠."

그는 대단히 중대한 주제를 얘기하는 것처럼 강한 말투로 천천히 말했다. 진지함을 느낄 수 있었다.

* * *

"나는 내가 아주 대단한 인물이라 생각했어요. 수백만 단위 봉급에 여러 가지 혜택과 모든 일을 결정하고 부하 직원에게 명령을 했죠. 말하자면, 나는 내 사업을 소유한 사장처럼 행동했었어요.

하지만, 완전히 틀린 얘기죠! 진실을 말하자면 내가 실제로 얼마나 자유시간이 없는가를 깨닫고 충격을 받았습니다.

인생에서 가장 많이 놓치고 있는 건 바로 시간이었습니다. 자신의 시간을 더 가질 수 있는 유일한 방법은 내가 하고 싶은 일과 그 일을 할 수 있는 시간을 가질 수 있는 것, 그리고 내 삶을 창조하는 것이라는 걸 알았습니다."

"바로 그 부분에서 네트워크 마케팅이 그림 속에 들어간 거군요." 내가 말했다.

그는 동의하며 고개를 끄덕였다.

"네트워크 마케팅을 안 것은 오래되었습니다. 나는 그 일이 흥미로운 일이며 굉장한 사업이 될 수 있다고 생각했지만, 진심으로 그 사업을 이해하지는 못했습니다.

나는 전통적인 기존의 마케팅을 고수하면서 너무나 많은 고정관념을 가지고 있었으며 그 사업의 진정한 가능성을 알아 볼 눈이 없었던 겁니다.

내 믿음의 습관으로는 내가 네트워크 마케팅에서 성공할 수 있다는 생각을 용납하지 않았다고 말할 수 있을 겁니다."

"그래서 어떻게 했나요?"

"내가 배운 많은 것들을 기억해서 지워 버려야 한다는 걸 알았습니다. 그리고 그 일이 아주 힘든 일이 될 거라는 것도 알았죠. 나는 꽤 고지식한 면이 있거든요."

"정말 그래요." 카쥬코가 끼어들었다.

그는 카쥬코를 보고 얼굴을 찌푸리더니, 깊은숨을 내뱉고는 다시 말을 이었다.

"그래서 나는 최고의 명성을 가지고 있는 회사를 골랐습니다. 이 사업에서 흔히 볼 수 있는 깊은 굴곡을 이겨내고 마침내 건실한 기반을 갖춘 회사로 오래 살아남을 수 있는 회사. 현장 경험을 갖춘 탄탄한 경영진과 소비자들이 제품을 한번 써 보고 매우 만족스러워서 지속적으로 사용할 수 있는 뛰어난 제품을 가진 회사. 사업을 시작하게 되면 최고의 스폰서를 찾을 수 있고 부 수익을 올릴 수 있는 그런 회사를 선택했죠. 사실 내가 원하는 스폰서는 세상에서 가장 위대한 네트워커였습니다."

"아니, 잠깐만요. 나는 당신이 세상에서 가장 위대한 네트워커라고 생각했는데요!"

"네, 그렇게 말하는 사람도 있습니다."

"하지만 그게 사실이라면, 이 사업에 대해 내가 아는 모든 것을 가르쳐 준 사람은 뭐가 되는 거죠?"

"네 ?" 나는 믿어지지 않는다는 듯이 말했다. 나는 이해할 수가 없었다. 히치콕 영화처럼 예상치 못한 얘기의 반전은 내 마음을 적잖이 흔들어 놓았다. '이 사람보다 더 위대한 네트워커가 있다고?' 나는 그와 카쥬코를 바라보았다. 그들은 아슬아슬하게 비밀을 간직하고 있는 두 꼬마처럼 그냥 빙그레 웃고만 있었다.

아무 대답도 없이….

"좋아요." 나는 뭔가 더 할 얘기가 있을 것 같아 말을 꺼냈지만, 더 이상 아무 말도 나오지 않았다. 그때 할 말 잃은 어색한 내 입장을 생각해주는 듯 위대한 네트워커가 말을 꺼냈다.

"자, 가서 내 스폰서를 찾아봅시다."

'아, 그 여자야!' 나는 생각했다. '그의 아내, 레이첼!' 그와 카쥬코를 따라 집밖으로 나가면서 나는 마음속으로 외쳤다.

'오~, 놀라워라!…'

세상에서 가장 위대한 네트워커

Story 11

불신의 습관

집앞에 포석이 깔린 주차 지역을 가로질러, 그의 사무실 겸 서재를 지나 마구간으로 향했다. 마구간 옆에는 기다란 말 운반용 트레일러가 있었다. 두 개의 스페어타이어를 단 커다란 픽업트럭 뒤에 달린 트레일러, 최소한 말 네 필은 족히 들어갈 만한 크기였다.

트레일러 안에서 쿵쿵거리는 무거운 말발굽 소리와 함께 사람 목소리가 흘러나오고 있었다. 가까이 가보니 젊은 여자가 앞발을 들고 덤벼들려는 키 큰 회색 암말을 달래고 있었다.

말이 힘껏 앞발을 들고 머리를 치켜세우자, 그녀의 키보다 훨씬 더 높았다. "자, 자" 그녀가 말을 달랬다.

"어떻게 해야 하는지 알지, 그렇게 고집 피우지 말고…" 그러자 말은 쳐든 앞발을 슬그머니 내리고 활보하듯 빙 돌더니 트레일러를 나와 옆길로 사라졌다.

"…말, 주인 같지 않죠?" 카쥬코가 말했다.

"어떻게 됐니?"

딸 레베카로 보이는 소녀에게 그가 물었다.

"엉망이었어요!"

"하지만 엄마는 아주 대단했어요! 파란색 4개에 녹색 하나를 넘었어요! 히히"

"6등이라고! 어떻게 된 거냐?"

"안장이 삐걱거렸대요."

"그래서 엄마는 심판한테 점수를 많이 못 받았어요."

"아빠가 엄마를 봤어야 했는데, 엄마는 노발대발했어요. 그 사람 코를 한방 먹이는 줄 알았다니까요. 다음 번엔 엉덩이에 기름칠을 할거래요, 그리고 나서 씩씩거리며 승마장을 나가 버렸어요. 정말 웃기는 건, 그 심판은 엄마가 레드마운튼 대회를 위해 직접 고용한 심판이라는 거예요!"

그때 긴 검정색 부츠에 승마 바지, 몸에 꼭 맞춰 입은 푸른색 상의와 기수들이 입는 깃을 높이 세운 하얀 블라우스를 입고 내 앞에 나타난 사람은 바로 레이첼 이었다. 머리를 고정시키는 망사를 풀어 머리를 앞뒤로 흔들자, 그녀의 긴 밤색 머리가 펼쳐져, 마치 메두사(그리스 신화의 여자 괴물)가 가장 매혹적인 자태를 하고 나타난 것 같았다.

그녀는 나를 보더니 손을 내밀며 깊고 부드러운 아주 매혹적인 목소리로 말했다.

"레이첼이에요. 나는 당신이 만나게 될 여자 중에 가장 멋있고 가장 차분한 여자예요." 인사가 끝나자, 그녀는 갑자기 독기 서린 목소리로 크고 강하게 말했다.

"…난 지금 너무나 화가 나 있어서 당신이나 다른 어떤 사람도 즐겁게 해 줄 기분이 아니군요! 용서하세요!"

그렇게 극적으로 선언하듯 말하고는 마구간으로 들어갔다.

나는 충격과 함께 아무 말도 못하고 그 자리에 그대로 서 있었다. 모두 다 그랬다. 모두들 참을 수 있는 최대한도까지 터져 나오는 웃음을 억제하다가 마침내 침묵은 서서히 킥킥거림과 숨죽인 듯한 웃음소리로 바뀌었다. 모두가 웃음을 터뜨렸다. 그 중에서도 위대한 네트워커가 가장 심하게 웃었다.

나는 간신히 미소를 지을 수 있었다. 감히 같이 웃을 엄두가 나지 않았다. 마침내 모두가 냉정을 되찾자, 카쥬코가 말했다.

"나는 가서 여왕의 목욕을 준비해야겠어요. 온도를 30도까지 올릴까요?"

"그럴 필요 없어요."

"레이첼이 욕조에 들어가자마자 그보다 더 올라갈 테니까요!

이런, 그녀는 정말 열 받았어요. 나 말고 다른 사람에게 그렇게 화내는 걸 본 적이 없었어요. 그것도 최소한 12년 전 일이었는데, 그때는 내가 계속 술을 마실 때였죠! 휴!~ 레베카, 엄마가 정말로 심판을 때렸니?"

"아니오, 아빠."

"하지만 당연히 그럴 만했어요. 심판이 사실 지나쳤어요. 엄만 완벽하게 말을 탔고, 카시도 완벽했어요. 제 생각엔 그 심판은 엄마가 상을 다 가져가는 걸 원치 않았던 것 같아요."

"심판이 공정하게 하려고 했는데, 그 대상을 잘못 고른 거 같구나. 안장이 삐걱거린다는 얘기는 어떻게 알게 되었니? 혹시 엄마가 경기 채점표를 보기라도 했니?"

"네."

"경기가 끝나고 곧장 심판한테 총알같이 달려갔어요. 우리 모두 올라가지 말라고 했지만, 아무도 말릴 사람이 없었어요. 엄마는 너무나 화가 나, 귀에서 김이 모락모락 나올 정도였어요."

"그랬을 거다." 그가 웃었다

"아, 당신은 내가 알고 있는 가장 강한 여자를 지금 막 보았어요. 그러니까… 에… 말 힘이 넘치는 강한 여자요. 나한테 그녀는 정말 대단한 여자예요. 정말 그래요." 그가 내게 말했다.

"당신은 화낼 때가 더 예뻐." 마구간 쪽을 향해 소리치며, 그는 레베카와 내 팔을 잡고 집으로 발걸음을 재촉했다. "자 여기서 빨리 나갑시다."그리고 거실로 향했다.

우리는 거실에서 약 40분 정도 얘기를 나누고 있었다. 레베카가 샤워를 끝내고 같이 얘기를 시작할 때, 레이첼도 샤워를 마치고 들어왔다.

카쥬코는 자신이 말한 그대로, 레이첼을 진정시키기 위해 촛불과 향으로 목욕 준비를 해 두었다고 우리에게 말했다. 그녀는 레이첼이 좋아하는 가운과 레모네이드 한잔을 내놓았다. 레이첼은 레모네이드를 커피 테이블 위에 옮겨 놓으며 내 옆으로 앉았다.

그녀는 팔을 내게 두르고 내 눈을 똑바로 쳐다보며 말했다.

"음, 당신은 아주 특별한 분인가 봐요. 난 최소한 지난 7년 동안 그런 연기를 한 적이 없었거든요."

나는 위대한 네트워커가 깔깔거리는 소리를 들었다.

"그때만 해도 남편만을 위해 내 연기를 아껴 두었어요. 그런데,

당신의 뭐가 그렇게 특별한 걸까요?"

내가 말을 하기도 전에 그녀가 재빨리 말했다.

"어머, 얼굴이 빨개지시네요." 그리고 내게 팔짱을 끼더니, "나는 이 사람이 좋아요. 이분은 어디서 만나게 된 거죠?" 위대한 네트워커에게 말하며 미소 지었다.

"목요일 저녁 시내 미팅에서 그를 만났소. 그리고 금요일에 집으로 초대했고 그때부터 쭉 같이 있었소."

"지금까지 뭐 하셨어요?" 레이첼이 나를 돌아보며 말했다.

"어디서부터 얘기해야 할지 정말 모르겠군요. 너무 많은 일이 있어서…" 나는 또 말을 더듬고 있었다.

"이건 퀴즈가 아니에요. 편하게 하세요." 그녀가 내 팔을 가볍게 두드렸다. 그리고 미소 지으며 음료수를 한 모금 마셨다.

"그런데, 부인." 카쥬코가 말했다.

"오늘, 힘들었죠?"

"네."

"고마워요, 카쥬코. 멋진 촛불, 따뜻한 물, 그리고 레모네이드 말이에요. 당신은 정말 좋은 분이세요."

"내가 좋아서 하는 일인데요 뭐. 사모님께 필요한 것 같아서요."

"감사합니다."

다시 그녀가 나를 보며 물었다.

"그런데, 여기 오신 뒤로 두 남자 분은 정말 무슨 일을 하고 어떤 얘기를 나누었나요?"

나는 우리가 나눈 얘기와 했던 일들을 레이첼에게 모두 얘기하려고 최선을 다했다. 그러면서, 내가 얼마나 엄청난 정보와 생각, 경험, 새로운 아이디어에 접하게 되었는지 깨닫게 되었다. 겨우 24시간도 채 안 되는 시간 동안에 말이다.

이 즈음해서 또 "놀라워."라는 말을 할 거라고 기대할 것이다. 물론 실망시키지 않겠다. 사실 그게 내가 정확히 하고 싶은 말이니까. '놀라워!'

내가 보고 듣고 했던, 그 모든 일들을 다 얘기하고 나자, 레이첼이 말했다.

"아, 우리 모두 알찬 하루를 보낸 것 같군요. 그럼, 다음은 어떻게 되는 거죠?"

내가 대답했다.

"내 목표를 받쳐 주는 믿음의 습관을 형성하는 것입니다."

"똑똑하시고 영리하시군요." 그녀가 남편을 보며 말했다.

"이미 알고 있소. 배우는 것도 빨라요."

"좋아요. 그럼, 어디서부터 시작할 건가요?"레이첼이 나를 보며 물었다.

"아…." 나는 곰곰이 생각하다 큰소리로 말했다.

"내 목표. 그리고 내가 성취하기로 한 일을 뒷받침하는 믿음의 습관에서부터 요."

"제안 하나 해도 될까요?" 그녀가 물었다.

"네, 좋습니다."

"먼저 믿음의 습관을 가지고 노세요."

"그 이유를 말해 줄 수 있는지요?"

"아니오."

"당신이 말해 보세요."그녀가 되돌려 말했다.

나는 이 두 사람이 얼마나 대단한 부부인가 이해하기 시작했다. 그리고 가장 위대한 네트워커의 '가장 위대한 네트워커다움'이 어디에서 나오는지도…

"좋아요."

"내 생각에 불신의 습관은…" 그리고 잠시, 그들의 반응을 보려고 말을 멈추었다. 그건 순간적인 생각에서 그렇게 한 것이었다.

"좋아요!" 그가 말했다.

또한 레이첼은 미소 지으며 이렇게 말했다.

"계속하세요, 영리한 친구."

나는 계속했다. "⋯ 내 불신의 습관은 현실적인 목표를 세우는 능력에 영향을 줍니다. 현실적인 목표라 함은 내가 가능하다고 '생각하는 것'으로 제한된다는 거죠.

내가 지금 가지고 있는 습관은, 아니 적어도, 내가 지금까지 가져온 습관이 현재의 나를 만들었습니다. 그런데 그 습관들은 분명히 어떤 조치가 필요합니다.

왜냐하면 현재의 나는 내가 원하는 위치에 있지 않으니까요. 그래서 그 첫 단계는 내 저울의 균형을 다시 맞추는 겁니다." 내가 자찬하며 그들에게 물었다. "영리하고, 똑똑하죠?"

그러자, 레이첼이 말했다. "내가 졌어요. 당신 말이 맞습니다."

"좋아요" 위대한 네트워커가 말했다.

"그럼 그 일을 어떻게 하죠?"

"내가 두 분께 묻고 싶은 게 바로 그겁니다." 나는 다음 말을 기다렸다.

Story 12

믿음의 사진

우리는 모두 거실에서 주방으로 자리를 옮겨 대화를 계속 했다. 시간은 이번에도 화살처럼 지나갔다. 카쥬코가 뭘 먹고 싶지 않느냐고 물었을 때는 이미 7시가 지나있었다. 만장일치로 "네."라고 대답했다. 레베카는 바비를 찾으러, 레이첼은 옷을 갈아입으러, 나머지는 모두 저녁 준비를 시작했다.

주방도 그 집의 다른 곳처럼 커다란 규모였다. 한마디로, 레스토랑 주방 같았다. 커다란 진회색 버너, 8개 짜리 가스 스토브와 보통 일반 가정에서 볼 수 있는 크기의 두세 배는 됨직한 스테인리스 스틸 냉장고 등, 대부분의 주방 기구는 TV 광고에서 보는 값비싼 것이었다.

주방에 있는 모든 시설에도 역시, 온화함과 자연스러움이 깃들여 있었다. 분명 이곳은 그들 가정의 중심부였다. 거실보다, 아니 그 집의 다른 어떤 곳보다, 주방에서 더 많은 생활이 이루어진다는 것을 알 수 있었다.

모두가 저녁 준비에 한 몫을 했다. 레베카의 능숙한 지시에 따라, 나는 야채를 썰었다. 레베카는 당근을 어떻게 썰어야 당근의 맛과 '필수 에너지'를 충분히 섭취할 수 있는지 아주 자세하게 설명해 주었다.

"음과 양." 카쥬코가 레베카의 강의에 불쑥 끼어들었다.

"이렇게 어슷하게 썰어야 당근이 가진 최대한의 영양을 이끌어 낼 수 있죠. 이런 식으로 썰면 야채의 자연적인 생명력을 최대한 균형 있게 얻을 수 있거든요. 하늘과 땅을 함께 말이죠."

"음. 이제 나는 철학을 맛보게 되겠군요?" 내가 음미하듯 큰소리로 말하자, 모두들 함께 웃었다.

우리는 모두 주방 한가운데, 테이블을 중심으로 일을 하고 있었다. 테이블은 짙은 색의 길고 커다란 티크제로 된 것이었다. 한쪽에는 더블 싱크대가 있었는데, 그 위에는 저녁 식사에 쓰일 온갖 야채와 생선들(새우, 조개, 얇게 떠놓은 포, 바다가재 등)이 깨끗하게 씻겨져 있었다.

세상에서 가장 위대한 네트워커

테이블 위에는 크기와 모양, 색상이 다양한 냄비와 팬이 아치 모양의 튼튼한 단철(單鐵)에 매달려 있었고 주방의 인테리어는 크리스마스 분위기를 연출하듯 아름다웠다.

저녁 요리는 커다란 접시로 4개가 준비되었다. 접시 3개에는 당근, 호박, 배추, 부추, 군파, 브로콜리, 녹색 피망과 붉은 피망, 완두 꼬투리, 조그만 옥수수 등 얇게 썬 갖가지 야채가 가득했다. 마지막 접시 하나에는 값비싼 생선과 해산물로 가득했다. 그리고 접시는 '푸드 & 와인' 같은 요리잡지에 나올 사진을 찍는 것처럼 배열되어 있었다.

모두 멋진 음식재료들을 보고 있었는데, 나는 더 이상 참지 못하고 이렇게 말했다.

"이제 어떻게 먹는 거죠?"

"나베이!" 아들 바비가 소리쳤다.

"나베이가 뭐죠?"

카쥬코가 설명하기를 일본에서는 모든 재료를 냄비 하나에 요리한다는 것이었다. 휴대용 가스버너 위에 국냄비를 올려놓고 맑게 끓는 육수에 야채, 생선, 조개 등 먹고 싶은 것을 골라서 넣은 다음, 요리가 되면 앞 접시에 담아 소스를 적셔 먹는다고 했다.

일본에서 나베이는 대개 가을과 겨울에 먹는 요리지만 이 집 식구들은 '시골 사무라이'여서 아무 때나 나베이를 먹을 수 있다고 했다.

우리는 L자 모양의 안락하고 우묵하게 들어간 곳에 놓인, 낡고 멋진 나무 테이블에서 식사를 했다. 모두들 음식을 맛있게 먹고 있는데 레이첼이 나에게 물었다.

"그런데, 당신은 새로운 습관으로 저울의 균형을 다시 잡아야 한다는 얘기를 했고… 믿음의 습관에 대해 얘기하고 있었는데… 그 일을 어떻게 하는지 질문하고 대답을 기다리던 참이었죠. 맞나요?"

"네."

"그럼. 어떻게 하는 건지, 당신 얘기를 먼저 듣고 싶은데요."

"좋아요." (나는 그 질문에 당황하지 않고 말했다.)

"앞에서 남편분과 같이 했던 것처럼, 내 인생의 영화로 다시 돌아가겠어요. 혹시 그 연습을 알고 계시나요?"

"아내도 알고 있어요. 그녀가 나한테 가르쳐 준겁니다."

"아, 그러셨군요" 좀 뻘쭘했다.

그리고 나는 계속했다. "그 영화의 장면을 생각하며 내 믿음. 새롭고 긍정적인 믿음의 습관을 만들겠어요."

"좋아요." 레이첼이 말했다.

세상에서 가장 위대한 네트워커

"계속해 보세요. 지금 가지고 있는 믿음의 습관을 하나 말해 보세요. 그리고 자신의 영화를 통해 그것을 어떤 믿음으로 바꾸고 싶은 지도 말해 보세요."

"글쎄요."

"나는 사람들 앞에서 말을 잘 못하는 것 같아요. 물론 할 수는 있지만, 그러고 싶지 않다는 거죠. 하지만, 내 영화 속 무대 위에서는 마치 일류 연사인 것처럼 내게 감응하는 청중을 대상으로 강의를 합니다."

"좋아요."

"그게 어떤 기분인지 자세하게 얘기해 보시겠어요. 일류 연사가 되는 것이 어떤가요?"

나는 레이첼의 요청에 따라 최선을 다했다. 처음에는 좀 주저했다. 아니, 좀 난처했다. 왜냐하면, 뭐랄까… 그러니까… 거짓말하는 것 같았기 때문이다. 그녀는 내 입장을 눈치 채고 이유를 물어보았다. 나는 영화 속, 그런 얘기를 하는 것이 스스로 얼마나 쑥스러운지 얘기했다.

"이해해요." 그녀가 말했다.

"처음에는 아마 그럴 거예요. 하지만 이 점은 꼭 알아두세요. 오랜 세월에 걸쳐 형성한 옛날 습관 때문에 새로운 개념과 이미

지들이 지금 당장은 어리석어 보일 수도 있어요. 결국 자신이 능숙한 연사가 아니라는 사실을 알고 있기 때문에 자신을 대단한 사람이라고 말하거나 그렇게 믿는다는 개념 자체가 어리석게 보이는 거죠."

"예…. 하지만, 나는 그게 필요한 일이라는 걸 알겠어요. 그러니까, 지금 내 옛날 습관이 새 것을 거부하며 죽을힘을 다해 싸우고 있습니다."

"아주 좋아요!" 나는 그녀가 정말 기뻐하는 걸 알 수 있었다.

"대단하십니다." 그녀의 남편이 거들었다.

"계속해요, 계속해." 그녀가 격려했다.

"아," 나는 깊은숨을 쉰 다음, 눈을 감고 갈채를 보내는 군중들을 보며 무대 위에 서 있는 내 모습을 불러 일으켰다.

레이첼이 내 팔에 손을 올리며 부드러우면서도 강하게 말했다. "지금 무얼 하고 있나요?"그 순간 나는 상상에서 깨어났다.

"그러니까, 내 영화에서 갈채를 보내는 군중들을 보고 있었어요. 그 장면이 어떤 건지, 어땠는지, 내가 어떻게 느꼈는지, 그 박수 소리를 기억하면서 …"

"멋져요!"

"뭐가 그렇게 멋지다는 거죠?"

세상에서 가장 위대한 네트워커

"방금 당신이 한 일은, 그러니까 마음속에서 그런 장면을 기억한다는 것은 어떤 문제든 자신이 가진 믿음의 습관을 바꾸기 위해, 언제 어디서나 이용할 수 있는 과정이기 때문이죠.

비록 그런 영상들이 상상에 의한 것이지만, 당신의 마음은 진짜로 받아들인다는 거죠. 마치 자신이 진짜 과거에 경험한 것이었고, 당신은 그냥 그것을 기억하는 것처럼 말입니다. 보세요." 그녀가 계속했다.

"당신은 지금, 자신의 새로운 습관에 대한 새로운 이미지와 새로운 장면을 더하면서, 저울의 균형을 맞추고 있어요. 당신의 마음도 역시 등비수열처럼 작용합니다. 그 경험을 '기억' 하거나 회상하는 수만큼 계속해서 늘어나는 것입니다. 그렇게 되면 즉시 저울은 다른 쪽으로 기울기 시작하죠."

"사실, 저울은 이미 기운 셈입니다. 일단 저울이 아주 조금이라도 힘을 받아 새로운 반대 방향, 즉 긍정적인 방향으로 움직이기 시작하면 저울의 변화(즉, 변화하는 믿음의 습관)와 정비례하며 당신의 행동도 변화하게 될 것입니다. 무슨 말인지 아시겠어요?"

이상한 일이었다. 나는 레이첼이 하는 이야기를 정말로 '보았다.' 내 마음속에 저울이 보이는데, 한쪽으로 잔뜩 기울어 있던 저울이 서서히 다른 쪽으로 기울기 시작하고 있었다. 저울이 한쪽으로 기울어졌을 때, 그 저울 위에 놓인 것이 중요해지는 것처럼 '빛을 띠기' 시작했다. 나는 마음속 저울의 변화를 그들에게 말해 주었다.

레이첼은 의자에 몸을 기대며 환한 미소로 나를 보았다.

"지금 나는 당신을 안을 수도 있지만, 지금은 그냥 보기만 할래요."

"다른 쪽은 어떤가요?" 위대한 네트워커가 물었다.

"뭐라고요?"

"저울의 다른 쪽 말입니다. 점점 더 무거워지는 쪽이… 뭐라고 하셨죠? 빛이 난다고 했죠? 그럼 위로 올라가는 쪽은 어땠나요?"

나는 눈을 감고 저울을 상상해 보았다. 그리고 그에게 설명해 주었다.

"저울이… 한쪽은 무거워지며 번쩍거리고 있었는데… 불꽃이 튀는 것 같았어요. 다른 쪽은 더욱 더 어두워지고 거무스름한 것이… 떠오르고 있었습니다."

이건 정말 굉장했다. 한 번도 이런 경험을 해 본 적이 없었다. 내 마음속에서 그런 그림을 결코 보지 못했었다. 마치 TV나 영화를 보는 것 같았다.

"그래, 기분이 어떠세요?"

"아호."…… 10대처럼 그렇게 말했다. 정말 10대 같은 기분이 들었다. "옛날 믿음이 가벼워지더니 연기처럼 사라져 버리는 것 같아요."

"훌륭해요!" 그가 소리쳤다.

"무슨 뜻이죠?"

"몰라요, 그래도 듣기는 좋죠, 안 그래요?"

나는 기분이 좋았다. 나는 실제로 내 몸이 가벼워지는 것을 느낄 수 있었다. 언제나 나를 따라다니던 미래에 대한 걱정과 생각들이 사라지고, 그 자리에는 확신의 빛이 느껴졌다.

"당신이 다시 나타나서 좋군요." 레이첼이 말했다.

무슨 말인지 몰라 어리둥절했다. 그러자, 그녀가 눈썹을 치켜올려 눈을 크게 뜨며 이렇게 설명했다.

"당신이 여기 있어서 좋다고요. 바로 여기요. 전에는 때때로 다른 곳에 가 있는 것 같았거든요. 여기가 아니고, 다른 곳에요."

"점심 먹으러 나갔었죠." 나는 농담과 함께 웃음을 지었다.

그들도 머리를 끄덕이며 같이 웃었다.

한동안 우리는 말이 없었다. 내 마음은 화면 속 영상으로 넘치고 있었으며 언제나 원하던 일을 하고 꿈에 그리던 모습으로 사람들과 어울리는 그런 모습이었다. 눈을 감지도 않았지만 그 영상들은 내 마음을 자유롭게 넘나들며 스쳐 지나갔다.

마침내, 내가 먼저 말을 건넸다.

"이거군요. 그렇죠? 이렇게 해서 새로운 습관을 만드는 거군요. 인생에서 자신이 원하는 것을 만들어 내기 위해 자신을 떠받쳐 주는 정신적인 믿음의 습관 말이에요. 놀라워요."

"네 맞습니다."

"엄마." 레베카가 큰소리로 말했다.

"엄마의 일일 계획, 실행 수첩에 대해 말해 주세요."

"그게 뭐죠?" 레이첼에게 내가 물었다.

"일일 계획이 뭔지는 아시죠?"

"일일 수첩에다 약속 같은 걸 적어 놓는 거 맞나요. 선생님께서 내게 말해 준 실행 수첩 같은 거요?"

"그래요. 바로 그거예요. 레베카와 난 각자 수첩에다 자신이 만들어 내고 싶은 믿음의 습관을 자세하게 적어 끼워 넣는 투명한 플라스틱 꽂이를 가지고 있어요. 왼쪽, 오른쪽 어느 쪽으로든 읽을 수 있도록 양쪽에 다 내용을 적어 끼워 넣죠. 일어나서 제일 먼저 읽고 매일 밤 잠자리에 들기 전에도 읽어요. 하루 일과 중에도 그 약속과 해야 할 일을 볼 때마다, 한 문장이나 전체 내용을 읽고 눈을 감은 다음 내가 그 일을 하거나, 그런 모습이 되어 있는 그림을 상상합니다. 매일 20번이나 30번 정도 하는 것 같아요. 지금 몇 년째 그렇게 하고 있어요. 그렇게 해서 내 믿음을 갖게 되었지요."

다음은 레베카가 한말이다.

"학교에서 쓰는 바인더 공책에 두 페이지를 끼워 넣었어요. 하나는 내가 말을 갖는 것에 대해 쓴 이야기이고, 다른 하나는 잡지와 책에서 오려 낸 사진 뭉치들이었죠. 아빠 서재에 있는 책에서 사진을 오려 냈는데, 아빠가 그 책을 발견했을 때, 정말이지 총으로 날 쏘는 줄 알았어요."

"난 정말 쏘았어." … "그런 사진이 내 딸의 실행 수첩에 있다고!

그리고 우리는 한참을 웃었다.

"정말로 난 그걸 매일 봐요. 하루에도 여러 번씩." 손으로 웃음을 가리며 개구쟁이처럼 레베카가 말했다.

"국어 시간에 그걸 보고 있었는데, 선생님이 내 뒤에 몰래와 있다가, 뭐 하느냐고 물으셨어요. 난 정말 당황했어요. 하지만 선생님께 사실대로 말했죠. 그게 무엇인지, 그것으로 내가 뭘 하고 있었는지, 나는 선생님이 괜찮다고 말씀하실 줄 생각하고 있었죠.…"

"괜찮다고?" 꾸중하는 말투로 아버지가 말했다.

"아빠 아…." 레베카는 애교 섞인 말로 항변을 했지만, 아버지는 딸의 머리를 마구 헝클면서 말했다. "맞아 맞아, 누구 딸인데"

"선생님은 레베카가 한 일을 학생들 모두에게 과제로 내셨어요."레베카가 자랑스럽게 말했다.

"레베카의 반 학생들에게 자신이 원하는 믿음의 이야기를 가져오게 했죠. 책이 아니라 잡지에서!" 레베카를 노려보며 그가 말했다. "…사진을 오려 자신이 쓴 이야기의 뒷면에다 붙이게 했죠. 그리고 선생님은 믿음의 이야기에 국어과목 성적표 내용을 포함시키도록 했어요. 농담이 아니에요."

"정말 그랬나요? 레베카."

"예." 레베카는 수줍게 아래를 내려다보며 대답했다.

"반 전체, 모두가 다?"

"네, 반 전체가요."

레베카가 계속했다. "어쨌든, 내 믿음을 바꾸기 시작하고 6개월 정도 지난 뒤 말 한 마리를 갖게 되었어요."

"틀렸어." 아버지가 말했다.

"그래요, 틀렸네요."

"두 마리예요."

"아, 이런." 나는 놀라움을 금치 못했다.

"맞아요, 사실이에요." 레이첼이 거들었다.

"우리는 레베카가 말을 가질 수 있도록, 일을 도와주겠다고 했죠. 대신 레베카는 자기 힘으로 말을 얻어야 했고요. 그래서 레베카는 학교를 마치고 마구간 청소를 하게 되었고, 저 아랫마을 내 친구들이 운영하고 있는 농장 일도 도왔습니다.

그 농장에는 멋진 회색 순종 암말과 암 망아지가 있었는데, 다른 말들과 잘 어울리질 못했어요. 다른 말들에게 발길질하고, 물어뜯고, 성질이 난폭해서 아무도 그 두말을 타려 하지 않았죠. 몇 달 동안 팔려고 내놓았지만, 아무도 사려하지 않았어요. 그 암말을 다룰 수 있는 사람은 오직 레베카뿐이었습니다. 그러던 어느 날, 내 친구들이 그 말을 레베카에게 줘 버렸어요."

"믿을 수 없군요." 의자를 한껏 뒤로 젖혀 의자 앞다리를 세우며 내가 말했다.

쿵하는 소리와 함께 의자를 다시 바로 세우고, 바비에게 농담을 건넸다. "위대한 성취에 대한 이상하고 놀라운 얘기라는 게 뭐지?"

"과학 경진 대회 1등… 티볼 시즌 토너먼트 챔피언… 내 자전거…"바비가 대답했다.

"그만, 그만 !" 내가 웃으면서 말했다. "무슨 말인지 알았어."

그때 카쥬코가 끼어들며 말했다.

"내가 집을 어떻게 장만했는지 듣고 싶지 않아요?"

"카쥬코의 얘기 한번 들어보세요." 위대한 네트워커가 거들었다.

그러자 카쥬코가 이야기를 시작했다.

"어느 날, 일본에 있는 도시, 나라(Nara)에 네트워크사업 방문차 카메라를 들고 그 집 쪽으로 걸어가고 있었습니다."

"문간에 나온 사람들에게 내가 본 집중에 가장 멋진 집이며 또한 꿈같은 정원이라고 공손하게 말했습니다. 사진을 찍는 건, 이런 집을 갖는다는 내 믿음의 습관을 만드는 데, 쓰기 위해서라는 내 설명을 듣고, 집주인은 흥미로운 생각이 나셨나 봐요. 그래서 그들은 내가 그 집을 걷는 모습, 정원에 있는 모습, 거실에 있는 모습 등을 찍어 주겠다고 제안했죠. 또한 집의 역사와 집안 곳곳을 안내해 주며, 저녁식사 초대까지 해주었습니다."

"그 날 밤 그들은 네트워크 마케팅 사업을 하기로 계약도 해주었죠." 그녀는 웃었다.

"그 두 사람은 지금 내 리더들입니다. 소중한 친구들이죠. 우리가 만나고 2년쯤 후, 그들은 요코하마에 있는 아이들과 함께 지내기 위해 이사를 가고 싶어했고 그 집을 나한테 사달라고 요구했습니다. 자기들처럼 집을 사랑하고 집의 역사와 아름다움을 보존할 수 있는 사람이 그 집을 소유하는 것이 그들에게는 매우 중요하다고 말하면서요. 그래서 내가 그 집을 사게 된 거죠.”

“강의, 제 74장 끝?”

“좋아요.” 위대한 네트워커가 의자에서 일어나면서 말했다. “남자들은 저녁 설거지. 아가씨들은 해산.”

“저는 항상 설거지할 냄비가 하나밖에 없을 때만 설거지를 하지요.” 레베카가 재빨리 주방을 나가면서 놀리듯 말했다.

카쥬코는 우리에게 설거지를 맡기고 나가면서 웃음 띤 얼굴로 인사를 했다.

세상에서 가장 위대한 네트워커

Story 13

선생님 가르치기

설거지가 끝나고 주방을 나오는데, 위대한 네트워커가 당구를 치느냐고 물었다.

"포켓 당구요?"

"아니, 포켓 당구가 아니고, 공 3개로 하는 당구요. 하얀 공 2개, 빨간 공 하나요."

"한 번도 해 본 적이 없는데요."

그는 거실 정반대 쪽으로 나를 안내했다. 신사 클럽에서 가죽 재킷을 입고 시가와 브랜디 술잔을 든 하얀 수염의 두 노신사가 언제라도 나타날 것만 같은 분위기가 물신풍기는 멋진 방이었다.

방에는 선명한 녹색 당구대를 중심으로 여러 장식품들이 배치

되어 있었고, 당구대 위 쪽 천장에 나란히 붙은 조명등 세 개가 당구대를 환하게 비추고 있었다.

당구대 자체가 오래된 가구였다. 측면은 온통 화려한 세공 장식에 새 갈고리 발톱 모양의 가구 발이 달린 묵직한 낡은 가구였다. 한쪽 끝에는 놋쇠 명판이 있었는데, 이렇게 씌어 있었다.

'안소니와 레이첼에게 주는 선물. 30주년 기념일을 축하하며'

눈과 마음으로 새겨진 글을 읽고 그를 바라보자. 그는 내 무언의 질문에 대답했다.

"레이첼의 부모님께서 주신거지요. 그녀의 아버지가 게임 하는 법을 가르쳤고 그녀는 또 내게 가르쳐 주었습니다. 그녀는 보셨다시피 최고의 선생님이죠."

"레이첼이 그렇게 잘 하는 건, 자기 제자는 자신을 능가하도록 만들겠다는 그녀의 강한 열성 때문이죠. 승마, 당구, 네트워크 마케팅, 무엇을 가르치든 자기보다 더 높은 경지에 도달하도록 하는 데에 몰두하는 놀라운 여인입니다."

그는 사랑과 존경, 그리고 분명한 자부심으로 그렇게 말했다.

그는 큐를 테이블 위에 두세 번 앞뒤로 굴린 후에 "이걸로 해 보세요."라며 큐를 내게 건네주었다. 그리고 게임에 대해 간단히 설명했다. 2개의 흰색 '큐' 볼을 각자 하나씩 자기 것으로 하여 그 공으로 두 '목표' 볼을 맞추어서 점수를 올리는 것이었다. 그는 시범을 보이면서 38점을 올린 다음 '아주 쉬운 스리쿠션샷'이라고 설명한 샷을 놓치고 말았다.

놀랍게도, 나는 한 번에 여섯 샷을 성공시킨 다음, 다시 그에게 차례를 넘겨주고 앉았다.

샷을 하면서 어디를 겨누어야 할지, 어떤 스핀을 넣어야 할지 그에게 충고를 구하는 사이사이에 우리는 많은 얘기를 나누었다.

벽에는 사냥하는 장면을 담은 사진과 박제 동물들이 있었다. 그는 총과 사격을 좋아하기는 하지만, 사냥은 하지 않는다고 했다. 그는 진짜 비둘기보다는 클레이 피전(Clay pigeons) 사냥을 고집한다며 "카쥬코는 도무지 그걸 어떻게 요리해야 할지 몰랐어요."라고 농담을 했다고 했다.

그 박제 동물들은 레이첼의 아버지 것이었다. 그 분은 만능 운동 선수였고, 위대한 네트워커가 그 분의 전리품을 간직하는 것은 무엇보다도 그를 기억하기 위해서라고 했다.

"사격은 레이첼의 아버지께서 가르쳐 주셨습니다."

"…여러 가지 많은 걸 가르쳐 주셨죠. 내가 동물 사냥을 즐기지 못하는 것은 내 성격상의 결함이라고 생각했답니다.

그 분은 상당히 남자다운 분이셨죠. 나와 어울려 주었던 이유는 오직 레이첼이 나를 너무 좋아하기 때문이라고 말씀하시곤 했어요. 그는 정말 놀라운 분이셨고 성공한 사람 이였습니다."

"부자는 아니지만, 자신과 가족을 위해 정말 열심히 일 하셨지요. 레이첼은 외동딸이었는데, 그 분은 언제나 그녀를 큰아들로 여겼습니다. 그 집안을 물려받을 후계자로 말이죠. 레이첼이 성인이 되던 해에, 그녀는 빨간 코르벳 자가용을 갖고 싶어했습니다. 그때 그분은 이렇게 말씀하셨죠. '좋아, 하나 사주마.' 하지만 네가 그 차를 소중히 생각하고 또 제대로 관리할 거라는 걸 내가 어떻게 믿지? 그녀는 그 질문에 뭐라고 대답해야 할지 몰랐고, 아버지는 그녀를 위해 한 가지 방법을 연구해 보겠다고 말씀하셨습니다. 그리고 그녀의 생일날, 그 분은 코르벳 자가용 열쇠가 든 작은 선물상자를 주었습니다. 그 안에는 전화번호가 적힌 쪽지도 하나 있었죠. 그녀는 너무나 신이 나서 펄쩍펄쩍 뛰며, 두 팔로 아버지를 껴안고…. 이루 말할 수 없이 행복해 했지요."

"아버지, 차는 어디 있어요?" 그러자 아버지는 차고에 있다고 대답하셨습니다. 그녀는 쏜살같이 차고로 달려가 여기 저기 흩어져 있는 차를 보았습니다.

나는 의아스러운 표정을 지었다.

"농담이 아닙니다. 차는 수백 개로 완전히 분해되어 있었습니다. 그 분은 레이첼에게 선물할 차를 구입해서 근처 정비사에게 완전히 분해하도록 했답니다. 엔진을 포함해서 모두 다요. 그리고 그걸 차고 바닥에 모두 늘어놓았던 겁니다."

"아니, 그 말이 사실입니까? 상상할 수도 없는 일입니다."

"네, 나도 그랬어요!"

"그 분을 만나기 전 까지는 요."

"그러니, 한번 상상해 보세요. 레이첼이 차고에 멍하니 서서, 사방에 흩어져 있는 차 부속품들을 바라보고 있는 겁니다. 그러자 그분이 다가와 그녀에게 물어 보았죠. '쪽지에 적힌 그 전화번호가 어디 번호인지 알고 싶지 않느냐고' … 그리고 차 조립을 도와줄 정비사의 전화번호라고 말씀하셨습니다. 그 정비사가 전화를 기다리고 있다고 말이죠."

"그래서 레이첼은 어떻게 했나요?"

"4개월 동안 매일 밤, 주말에는 온종일, 스스로 차를 조립했지요. 그리고 그 차를 17년 넘게 운행했습니다. 그분이 옳았어요. 그녀는 그 차를 정말 믿을 수 없을 만큼 소중하게 다루게 되었죠."

"정말 놀랍군요."

"레이첼의 아버님은 정말 대단한 분이셨습니다."그리고 그는 머리를 '설래, 설래' 흔들었다.

나는 그의 장인이 더 이상, 이 세상 사람이 아님을 짐작했고 그래서 그분에 대해 더 이상 묻지 않았다.

그는 장인이 주신 총을 한번 보고 싶지 않느냐고 물었다. 나는 한 번도 총을 가져 본 적이 없었다. 어릴 때 장난감 총도 말이다. "총은 안 돼!"라는 것이 어머니의 확고한 입장이셨기 때문이다. 하지만 나는 종류가 무엇이든 장인(匠人)의 솜씨와 품격을 숭배한다. 그리고 그가 내게 보여 준 총은 매우 신비로웠다. 누구라도 그걸 봤다면 얼마나 아름답고 빼어난 총인지 알 수 있었을 것이다.

그의 자랑이자 기쁨인 총은 근사한 남녀용 웨더비 엽총 한 쌍으로, 녹색 벨벳 안감을 댄 나무 케이스에 들어 있었다. 옛날에 그 케이스는 장인어른 것이었다고 했다.

12구경은 남자용, 가벼운 20구경은 여성용 총이었다. 총 표면의 금속 세공은 대부분은 벽에 걸린 사진처럼 사냥하는 장면으로 장식돼 이었다.

"장인어른이 명사수가 되도록 가르치지 않았다면 그녀는 분명히 사격에 관심을 갖지 않았을 겁니다."

그와 레이첼은 가끔, 사격을 같이하곤 했다고 했다. 누가 더 잘

쏘는지 묻자. 그는 자신이라고 말했다. 레이첼이 자기보다 더 잘 하도록 가르칠 생각은 없는지 묻자, 그는 "아니오."라고 대답했 다.

우리는 다시 당구를 치기 시작했고 그는 아주 쉬운 샷을 놓쳐 버렸다. "아이쿠."…

한 시간쯤 더 게임을 하면서 이런저런 얘기를 나누었다. 처음 하는 것치고는 아주 잘 한다고 칭찬을 아끼지 않았다. 그는 기본 샷, 브레이크 샷, 그리고 상황마다 다른 스핀 넣는 법을 가르쳐 주 었다.

나는 즐겁게 게임을 즐겼다.

"여러 면에서 당구는 네트워크 마케팅과 아주 비슷하지요?" 그 가 말했다.

"이건 위치의 게임입니다. 바로 눈앞에 있는 샷도 물론 중요하 지만 미리 두세 샷을 먼저 생각해야만 하죠. 첫 번째를 성공적으 로 치고 싶겠지만, 언제나 그 다음 것을 계획해야 합니다. 이 샷을 마치고 나면 공이 어떤 위치에 가 있게 될 것인가. 미리 다음 샷을 생각하고 치게 되면 연속 10, 20, 30점, 아니 그 이상도 쉽게 연 결시켜 성공시킬 수 있습니다."

"그렇게 멀리까지 미리 계획하면 포커스를 잃지 않나요?"

"아니오."

"포커스를 확대하는 것은 미래 것까지 포함할 만큼, 포커스를 넓히는 겁니다."

그는 당구대에서 한 발짝 뒤로 물러서 공을 주시하였다.

"보다 큰 그림을 볼 수 있게 하는 거죠. 하나의 행동이 다음 행동, 또 다음 행동으로 어떻게 맞아 들어가는지 말입니다. 그리고 그것은 추진력을 형성합니다. 더욱 큰 견지에서 사업 구축을 하게 되면, 우선 순위가 달라지고 이전보다 장기적인 문제에 포커스를 두게 되죠."

"예를 들어주신다면?"

"지도자를 교육하는 것이 좋은 예죠."

"대개 '가르치는 일'에 집중하는 경우, 제품 판매와 스폰서 방법에 포커스를 두는 것보다 결과는 느리게 나타납니다. 후자의 경우가 일이 더 간단하고 판매 수익을 창출한다는 측면에서 볼 때, 더 빨리 결과를 얻을 수 있습니다. 적어도 처음에는 그렇죠."

"하지만 사람들에게 교육하는 법을 가르칠 때는 결과 창출의 측면에서 사람들에게 힘을 부여하는 측면으로, 그 포커스가 옮겨가게 됩니다. 물론, 결과도 다르죠. 그 결과는 생각보다 더 큽니다. 영구적인 성공, 자기 조직에 더 많은 리더가 생기고 궁극적으로 더욱 안정되고 풍성한 결실을 얻게 되죠. 내가 사업을 시작했을 때, 혼자서는 엄청난 성공을 거두었지만, 아무도 내가 했던 방식으로는 성공하지 못했다는 얘기, 기억하십니까?"

"네."

"바로 그런 겁니다."

"이 사업이 어떻게 이루어지는지 이해하게 되었을 때, 즉 이 사업은 가르치는 법을 제대로 교육할 줄 아는 사람을 효과적으로 스폰서 하는 능력에 달려 있다는 사실을 이해했을 때, 내 사업은 실질적인 성장을 시작하게 되는 것입니다.

나는 사람들의 흥미를 유발하는 세일즈 편지 쓰는 법을 가르칠 수도 있었을 겁니다. 하지만 그것이 이 사업을 움직이는 힘은 아니라는 겁니다. 그리고 그건 나를 움직이는 힘도 분명 아니었습니다.

나는 예상고객이 이 사업을 관심 있게 한번 살펴보게 만드는 흥미를 유발하는 멋진 편지를 수업이 개발했습니다. 그리고 내 조직의 사람들이 그 편지를 대단히 성공적으로 활용합니다. 하지만 그 다음은 어떻게 됩니까? 한번 살펴보기로 하고 사람들이 어떻게 합니까?"

"질문을 한다." 내가 답변했다.

"그렇습니다!"

"뭐에 대한 질문이죠? 보세요. 사람들의 가치와 그들에게 정말 소중한 것이 무엇인지 발견하거나 드러내도록 도움을 주는 법을 배우지 않는다면, 당신은 결코 그들의 인생에 있어 의미 있는 일과 당신이 제시하는 사업적 기회를 연결시킬 수 없습니다. 그들에게 와 닿지를 않는 겁니다.

이미 강한 동기를 가지고 있거나, 네트워크 마케팅, 사람들, 세일즈, 다시 말해 이 사업을 하는 독특한 방식, 사람들을 가르치고 교육하는 법 등을 이미 이해하고 있는 사람을 어쩌다 한두 명 만날 수도 있을 겁니다. 그러나 그런 사람들은 정말로 찾기 힘듭니다."

"대개는 경험 없는 사람들로 시작해서, 교육을 통해 그들을 전문가로 바꾸어 놓는 경우가 대부분이죠."

"그럼, '어떤' 전문가죠?"

"좋은 질문입니다. 전문 '지도자' 죠."

그는 잠시 눈을 감았다. 나는 그가 말하고자 하는 내용을 머릿속에 그려내고 있다는 것을 눈치 챘다. 그리고 그가 말하려는 것을 내 머리 속에 그릴 수 있는지 잠시 눈을 감았다 눈을 떴을 때, 그가 나를 바라보고 있었다.

"지금 자는 겁니까?" 그가 장난스럽게 물었다.

내가 뭘 하고 있었는지 설명하자, 크게 웃으면서 하는 말, "그래서 뭐가 나왔어요?"

"뉴잉글랜드 워크숍에서 리더에게 들은 이야기가 생각났어요."
"그 리더는 대학 때 한 음악 교수에 대해 얘기하고 있었습니다. 그 리더는 자기가 상당히 뛰어난 학생이라고 생각하며 첫날 수업에 들어갔는데, 교수가 무지무지하게 어려운 작품을 악보 대에 올려놓고는 그에게 연주하라고 했답니다. 그는 첫 연주를 완전히 망쳐 버렸고, 교수님은 다음 주 수업시간까지 연습을 해 오라고 했답니다.

그는 일주일동안 열심히 연습하여 두 번째 수업에 들어갔습니다. 하지만 교수님은 새로운 작품, 훨씬 더 힘든 작품을 그에게 주었습니다. 너무나 막막하고 어처구니 없었습니다. 그는 수업시간 작품을 망치고, 집에 가서 연습을 하고, 다시 수업시간, 지난주 작품보다 두 배는 힘든 작품을 받았습니다. 이런 일이 2주 이상 계속되었습니다.

마침내 그는 너무나 힘들고 화가 나서, 교수에게 화를 폭발시켰습니다. '왜 이러시는 겁니까? 도대체 무엇 때문이죠?' 그러자 교수는 첫 수업시간 작품을 내밀며 근엄한 목소리로 말했습니다.

'연주하게' 그는 당황하면서도 아주 열심히 연주했습니다.

그리고 교수님은 두 번째 작품을 악보 대에 올리면서 또 연주하라고 말씀 하셨습니다.

그는 말없이 열정을 다해 아주 멋지게 연주를 해냈습니다.

'교수께서 하시는 말씀'

'로버트, 내가 만약 자네 멋대로 하게 내버려두었더라면, 자넨 아마 아직도 1장을 연습하고 있었을 걸세. 그러면서도 여전히 제대로 연주하지 못했을 거야. 나는 자네가 작품하나를 연주하고 말고를 신경 쓰는 게 아니라, 난 자네의 연주 자체에 관심을 갖는 거라네!'

"지금까지 말씀드린 이야기를 그 리더가 말해준겁니다."

위대한 네트워커는 뭔가 대답을 하기에 앞서 나를 보고 아무 말이 없었다. 잠시 후 흥분된 모습으로 이리저리 왔다갔다 몸짓을 하더니 얘기를 시작했다. "정말 멋진 이야기군요." 그는 계속 했다.

"정말 멋져요! 그건 누군가에게 뭘 가르치는 것 이상을 보여줄 뿐 아니라… 그러니까, 고기를 잡아 주는 것이 아니라 고기 잡는 법을 가르치는 것과 같군요. 아시겠지만, 고기 잡는 법을 가르쳐 주면 그 사람은 한 끼 식사가 아니라 평생 끼니를 해결할 수 있죠.

하지만 그 얘기는 보통 상태를 뛰어 넘는 문제, 그 학생은 혼자 힘으로 경험할 수 있었던 것보다 훨씬 더 높은 경지까지 뻗어나갈 수 있었던 거군요. 그 리더는 참 훌륭한 선생님을 만났네요. 내 네트워크 사업에서도 그런 사람이 있으면 좋겠습니다."

"어떤 사람 요?" 레이첼이 방으로 들어오면서 말했다. 그리고 남편에게 물었다. "산책할 준비 됐나요?" 그녀는 흰 실과 색실로 희끗희끗하게 짠, 긴 바지에 작업 셔츠를 걸치고 낡은 즈크 신발을 신고 있었다.

"아직, 옷 갈아입고 바로 내려가지."

"여기 있어요." 그녀는 청바지와 운동화, 양말까지 던져 주었다.

"고마워요 레이첼."

"나는 이거 갈아입고 갈 테니, 당신이 방금 나한테 했던 얘기, 레이첼에게도 해 주세요. 그리고 우리 같이 산책 갑시다. 괜찮죠?"

나는 레이첼을 바라보았다.

"당신에게 묻는 거예요." 레이첼이 말했다.

나는 내 가운을 가리켰다.

"어머나." 그녀가 말했다. "옷은 아직 욕실에 있는 거죠?"

"네."

"그럼, 오세요." 그녀가 따라오라고 손짓하며 말했다.

" 조금 전, 남편에게 했던 얘기 좀 해 주세요."

"네. 그러죠."

위대한 네트워커는 당구실의 작은 욕실로 들어가고 나는 레이첼과 함께 내 옷이 있는 욕실로 가면서 남편에게 했던 이야기를 해 주었다.

"정말 훌륭한 이야기군요!" 그녀는 그와 아주 비슷한 반응을 보였다.

"레이첼. 선생님을 가르치는 것에 대해 좀 더 얘기해 주시겠어요?"

내가 옷을 집어 들고 약간 난감해 하자. 레이첼이 미소 지으며 밖에서 기다릴 테니 갈아입으라고 했다.

그리고 그녀는 얘기를 계속할 수 있도록 문을 약간 열어 두었다. 그녀는 내가 잘 들을 수 있게 큰 소리로 선생님을 가르치는 것에 대해 설명해 주었다.

"가라데 사부가 널빤지나 벽돌 깨는 걸 본 적이 있나요?"

"예 에."

"그 사람이 자기 모든 에너지를 어디에 집중하는지 아세요?"

"널빤지 한복판을 향해서요."

"논리적인 것 같긴 하지만, 아니에요. 그런 식으로 되는 것이 아닙니다. 그는 자기의 모든 에너지를 제일 밑에 놓인 마지막 널빤지 바로 밑의 한 지점으로 집중한답니다. 거기에 포커스가 있는 거죠…. 목표 말입니다. 가라데 사부는 목표점에 주먹의 모든 힘이 널빤지, 즉 모든 장애물을 통과해서 그 지점까지 전달되도록 하는 것입니다.

"물론 사람들에게 제품 사용법을 가르치고 열정적으로 권하는 법을 가르칠 필요가 있습니다. 수당 체계의 중요한 부분에 대해서도 알아야 하고 무엇보다 네트워크 마케팅 자체에 대해 변하지 않는 깊은 존경과 긍지를 가져야 합니다. 이 모든 것이 다 중요하죠. 하지만 그 무엇보다, 사람들이 성공하도록 '가르치는 방법'을 배워야만 합니다."

옷을 다 입고 나오자, 그녀는 다시 보통 때의 목소리로 말했다.

"그것은 이 업계의 거의 모든 리더들이 가지고 있는 이타적이고 헌신적인 특성입니다. 어떤 사람이나 그 무엇인가에 대해 확신을 갖고 '주장한다.'는 말이 무슨 뜻인지 아세요?"

"네. 알 것 같습니다."

"주장한다는 것은, 그러니까… '자기 애인을 지킨다.'는 말과 비슷한 뜻 아닙니까?"

"좋아요. 바로 그 뜻입니다. 그건 누군가를 방어하는 것입니다.

옛날, 기사들이 무례하게 굴 때, 여왕의 근위대들이 여왕을 보호하는 것처럼요. 이 사업에서는 자신이 스폰서 하는 사람들을 지켜야 합니다. 자신과 그들의 성공을 옹호해야 하기 때문이죠. 그렇게 하는 가장 빠르고 직접적인 길은 그들에게 다른 사람들을 가르치는 법을 교육하는 것입니다."

"에~ 말하자면." 그녀가 덧붙였다. "그건 다른 사람들을 옹호하는 것, 자기 사람들을 지키는 법을 가르치는 겁니다. 당신이 해준 이야기에서 그 교수가 학생에게 한 행동이 바로 그 일이었어요. 그는 그 학생에게 최상의 것을 지키도록 해 주었습니다.

그렇게 하기 위해서는 사람들에게 시련의 시간을 주는 것도 필요합니다. 때로, 능력 이상의 것을 시도할 때는 고통도 따릅니다.

특히 자신의 마음이 유연하지 못하고 그런 일에 익숙하지 못할 때는 더욱 더 고통이 따르죠. 그건 믿음의 습관을 구축하려고 노력할 때 얻게 되는 또 다른 고통이며 자신의 목적을 확대해 나가는 일에 익숙해지도록 하는 것입니다. 그러면 정신적으로 더욱 유연하게 되죠." 정문에 도착하자, 위대한 네트워커가 우리를 기다리고 있었다.

"여보, 그 교수 같은 사람이 당신 네트워크에 들어오면 좋겠죠?"

"물론이지, 당신은 안 그렇소?"

그녀는 남편의 가슴에 손가락을 콕콕 찌르더니 "나는 이미 그런 사람이 있는데요." 라고, 장난스럽게 으르렁거리는 소리를 내며 그의 뺨에 키스했다. 그리고 대문을 열면서 말했다.

"자, 산책합시다. 신사 분들."

세상에서 가장 위대한 네트워커

Story 14

당신의 다음 단계는 무엇입니까?

밖으로 나와 나무가 늘어선 꼬불꼬불한 집 앞 차도를 걸어가는데, 해는 거의 서산으로 지고 있었다.

따뜻한 봄날 저녁이었다. 나뭇가지가 흔들리자 새로 난 잎들이 반가운 미풍에 부드럽게 춤추듯 희미하게 흔들렸다. 우리는 오랫동안 아무 말도 하지 않았고 산책길에 들려오는 소리는 오직 운동화가 아스팔트 포장도로에 닿는 소리뿐이었다.

나는 지난 이틀 동안 내가 보고 듣고 했었던 모든 것을 머릿속에 생각하고 있었다. 이틀! 그것은 몇 주 이상의 가치, 아니 몇 년. 그 이상이었다.

나는 다정하게 팔짱을 끼고 걷는 그들을 보았다. 그들은 정말 대단한 부부였다. 멋있고, 아름답고, 활기차고, 성공했고, 그러면서도 너무나 진실 된… 너무나 인간적인 사람들이었다.

모두 내가 되고 싶은 모습이었다. 갑자기 나는 아내 캐시와 아이들과 같이 있고 싶은 생각이 간절했다.

'난 가족들을 기만해 왔던 거야.' 모든 것으로부터 숨으려 했던 것처럼, 가족들을 늘 피해왔던 거야. 나는 한숨을 쉬며 내 발을 내려다보았다.

"무슨 생각하고 있어요. 왜 한숨을 쉬는 거죠?" 레이첼이 말했다. "옛날처럼 생각하고 있다는 걸 느끼신다면, 저울의 다른 한쪽에 무게를 더해 보세요. 또한 당신의 영화를 상영하고 그 영화의 한 장면을 골라보세요. 뭐든지."

"아아." 나는 다시 한숨을 쉬었다.

"그게 정말 그렇게 쉬운 일인가요. 레이첼?"

"물론이죠."

"시간이 걸릴 뿐입니다. 옛날 습관들이 그렇게 높이 쌓일 때까지 얼마나 긴 시간이 걸렸는지를 기억하세요."

"네, 알겠습니다."

"또 다른 문제가 있어요." 가장 위대한 네트워커가 덧붙였다.

"당신은 무엇을 가장 중요하게 생각합니까?"

나는 그들을 바라보며 말했다.

"아내와 아이들, 나 자신, 그리고 이 사업에서 성공하는 것입니다."

"그럼, 다음은 뭐죠?"

"후…," 다시 한숨을 쉬며 말했다. 이번에는 폐 속의 모든 공기를 내뿜어 완전히 텅 빈 상태에서 숨을 들이쉬고 머리를 뒤로 젖히며 눈을 감았다. 내 마음속 영화에 물밀 듯 영상들이 쏟아져 들어왔다.

두려움이나 다른 이유로 해서 말을 걸지 못했던 사람들, 직장 상사, 장인어른, 기타 많은 사람들과 내가 열정적으로 즐겁게 얘기하고 있었다. 전혀 모르는 낯선 사람들, 옛 친구, 네트워크 마케팅에 대해 별로 관심이 없을 거라고 지레짐작했던 사람들… 나는 지금 그 모든 사람들과 쉽고 편하게 그리고 재미있게 이야기를 하고 있다. 그들은 나를 칭찬하며 존경과 신뢰를 표했다.

깊어지는 어둠에 휩싸인 나는 눈을 뜨고 마음속에 점점 더 떠오르는 많은 그림들을 보고 있었다. 그때 가족들과 함께 하는 영상이 보였다.

아이들과 재미있는 시간을 보내는 것뿐 아니라, 아이들에게 재미있는 시간을 보내는 방법을 배우는 것이다. 가을 낙엽으로 뒤덮인 언덕을 굴러 내리고 디즈니 월드에서 놀이 기구를 타며 미키 마우스와 사진을 찍는 모습… 온천파크에서 파도를 타며 물놀이 하는 모습을 보았다… 같이 뭔가를 만들고… 눈 속을 뛰놀고… 스키 강습을 받고… 폭죽을 터트리고… 웃고… 끌어안고… 손잡고… 아이들에게 동화책을 읽어 주고… 굿 나이트 키스를 하는 모습… 로맨틱한 이태리식 식사… 모든 걸 뒤로하고 훌쩍 떠나는 주말 여행에서 아내와 함께 데이트하는 내 모습도 있었다.…. 새 외출복을 입은 그녀는 아름답고 밝은 모습으로 사람들의 발걸음을 멈추게 했다. 나는 자부심에 뿌듯해 하며, 내가 얼마나 운 좋은 사람인가를 생각한다. 그녀는 너무나 멋지고… 너무나 사랑스럽고… 너무나 강하고… 또 활기가 넘쳤다.

아내와 같이 유럽에 있는 모습이 보였다. 그녀가 간절히 원했던, 짙은 광채가 나는 커다란 녹색 에메랄드 반지를 선물했다. 즐거운 시간을 보내며… 더 사랑하고… 더 많은 얘기를 나누며… 그 어느 때 보다 행복했다.

그리고 예전에 일했던 캠브리지에 돌아와 있었다. 친구들과 웃으며 새로이 등장한 덩치 큰 컴퓨터를 가지고 놀고 있었다. 진짜 개척자가 되어….

나는 그걸 원했다. 다시…. 지금, 바로 지금 말이다. 나는 다른 사람들이 꿈에도 생각지 못한 일을 하는 그 느낌을 원했다. 장난하듯이 멋진 시간을 가지며 발견과 발명이라는 원대하고 화려한 게임을 하는 그런 느낌을….

새 옷을 입고 있는 나를 보았다. 이탈리안, 영국식, 장인의 바느질, 아주 호화롭고 감각적인 천으로 만든 그런 옷이었다. 나는 정말 근사해 보였다!

밝은 넥타이에 어울리는 행커치프… 눈부시게 빛나는… 롤렉스 금시계… 악수를 하며… 옆 눈으로 나를 보면서 나에 대한 얘기를 나누는 사람들을 본다. 내가 얼마나 성공했는지… 내가 얼마나 훌륭한 사람인지… 내가 엄청난 재산을 소유할 자격이 있는지… 나처럼 되고 싶다는 그런 얘기를…

일본, 나라 도시, 카쥬코의 소중한 그 집 앞, 작고 아름다운 자갈길을 걷고 있는 내 모습을 그려보았다. 그 정원의 고요함… 시간을 초월한 느낌… 자유와 평화를 느꼈다. 지구 저 반대편 그곳에서 나는 마치 집에 온 듯 한 편안함을 느꼈다. 그녀가 내 친구라는 사실이 너무나 좋았다. 한국, 중국, 호주, 러시아… 세계 곳곳을 다니는 내 모습을 보았다. 친구들과 얘기하며… 환영받고… 존중받고… 존경받으며….

네트워크 마케팅에 대해 사람들에게 얘기하는 내 모습을 상상

속에서 불러냈다. 그들과 열심히 얘기하는 모습을….

사람들의 질문에 하나하나 대답하면서… 사람들을 가르치는 내 모습… 그들 가까이 다가가… 관심을 가지고 그들을 도와주고 그들의 꿈을 이끌어 내고… 전에는 결코 가능하다고 생각지 못한 목표를 성취하는 방법을 보여 주는 내 모습을 보았다. 사람들에게 용기를 불어넣어 주고… 그들도 할 수 있음을 증명해 보이고 있었다.

"나를 보세요." 나는 그들에게 이렇게 말한다.

"내가 할 수 있다면, 내가 성공할 수 있다면, 당신들도 할 수 있습니다. 자, 그냥 자신의 믿음을 바꿔 보세요. 모든 것은 결국 자신이 만들어 내는 것이니까요. 자신이 꿈을 이루는 모습을 그냥 만들어 내기만 하면 됩니다. 자, 나와 함께 갑시다."

나는 걸음을 멈추고 주위를 둘러보았다.

긴 산책로를 뒤돌아보았지만 아무도 보이지 않는다.

나는 미소 지었다. 그리고 한숨을 내쉬며 생각했다. '그들은 알았던 거야' 나는 그 특별한 모습과 내 마음속을 스쳐 가는 영상들 사이를 오가며 어두워진 산책로를 따라 걸었다.

산책로 끝에 있는 주차 지역으로 갔다. 주차장에는 조명등이 환하게 쏟아지고 있었고 내 차 앞 유리창 와이퍼에 커다란 종이가

세상에서 가장 위대한 네트워커

끼워져 있었다. 나는 다가가서 종이를 꺼내 그가 적어 둔 메모를
읽어보았다.

원하시면 얼마든지... 오늘 저녁 지내고 가셔도 좋습니다.
잠자리도 준비해 두었습니다.
하지만 집에서 가족과 함께 보내고 싶을지도 모른다는 생각에,
운전석 옆 여행용 머그잔에 따끈한 차를 한잔 놓아두었습니다.
운전하는 데 도움이 될 겁니다.
다음 주 목요일 그 호텔로 오십시오. 내가 초대 연사입니다.
언제든 하고 싶을 때 전화하십시오.
당신은 우리에게 매우 특별한 분입니다.

나는 고개를 들어 그 집을 바라보았다. 그리고 카쥬코가 했던
것처럼 허벅지에 두 손을 놓고 절을 하며 큰소리로 이렇게 말했
다.
"감사합니다.… 두 분 모두. 말로 다할 수 없을 만큼 요."
"그래, 이젠 정말 가족과 함께 있고 싶다. 가자 집으로."
차를 타고 집으로 향했다.

Story 15

시작

"대단한 일주일이었어." 그 다음 주 목요일, 퇴근 후 약속한 그 호텔로 가면서 생각했다. 만약 누군가가 그 모든 일들이 내게 일어날 거라고 미리 얘기해 주었다 해도 나는 결코 믿지 않았을 것이다. 하지만, 이제 나는 어떤 일도 가능하다는 사실을 믿기 시작했다.

"마음이 믿을 수 있는 것은 이룰 수 있다."

누가 말했더라, 나폴레옹 힐? 위대한 네트워커? 나?

한 가지 사실은 분명했다.

내게 필요한 것은 믿는 것이라는 것을 …

그러면 성취는 따라오게 마련이라는 것을…

그 위대한 네트워커의 집에서 지난 토요일 밤늦게 집으로 돌아왔을 때쯤, 나는 내 마음속의 저울을 내게 유리한 쪽으로 기울게 하기 시작했다. 영원히…

내가 들어갔을 때, 아이들은 이미 잠들어 있었고 캐시는 혼자서 커피를 마시고 있었다. 우리는 새벽까지 위대한 네트워커와 만났던 얘기, 내 옛날의 믿음과 새로운 믿음, 아내가 믿었던 것과 버리고 싶은 옛 습관, 그리고 새로이 갖고 싶은 믿음에 대하여…. 얘기를 나눌 수 있었다.

우리가 데이트하던 시절 이후로는 이와 비슷한 얘기조차도 해본 적이 없었다.

수면 부족으로 나는 죽도록 피곤했지만, 그 일요일은 내 생애 가장 환상적인 날이었다. 우리가족은 이곳에 처음 왔을 때부터 쭉 알고 있었던 특별한 장소를 다시 찾았다. 숲으로 하이킹을 하면서 아이들과 달리기시합도 하고 안겨서 뒹굴기도 하고 재미있는 시간을 보내며 다시 갔던 길을 되돌아 내려왔다. 그리고 아주 오래 전에 발견해 둔 연못이 있었는데 그곳에서 다 같이 수영도 하고 물장구도 치고 아이들을 하늘로 번쩍 들어 던지기도 하며… 그토록 자유롭고… 평화롭고… 나 자신과 가족에 대해 그토록 편했던 느낌을 기억해 낼 수가 없다.

우리는 다 함께, 그 위대한 네트워커가 데리고 갔던 그 이탈리안 식당에 갔다. 웨이터는 나를 기억하고 있었으며 지배인이 나를 알아보고는 다시 만나서 아주 반갑다고 말했다. 아내 캐시는 나를 보며 눈썹을 치켜 올렸다. 나는 그때 기분이 이루 말할 수 없이 좋았다.

아, 그리고 이건 아마 믿지 못할 것이다! 내가 전에는 단 한 명도 스폰서 하지 못했다는 사실을 기억하는가? 어떻게 되었을까? 그 주에 새로운 사람 세 명이 들어왔다. 세 명이! 그리고 오늘 밤, 그들 중 두 명이 이 미팅에 참석하면서 각각 한 명씩 손님을 데리고 오기로 했다. 농담이 아니다.

더 멋진 얘기가 있다. 내가 스폰서한 사람들 중 한 명은 바로 내 상사이다. 몇 일전 점심시간 직전에 내 사무실에 와서는 그가 이렇게 말했다. "이보게, 당신이 무슨 약을 먹는지 모르지만, 나도 하나 주게" 나는 웃으면서, 그럼 상사님께서 점심을 사시면 제가 일년 치를 주겠다고 말했다. 이를 계기로 우리 둘의 관계는 훨씬 더 좋아졌으며, 상사는 몇 년 동안 네트워크 마케팅에 관심을 가지고 있었지만 사람마다 서로 상충되는 얘기를 많이 했고 그래서, 제대로 이해할 수 없었다고 말했다. 내가 설명해 주기까지는 말이다.

그는 대학을 졸업하고 바로 선생님이 되었지만 수입이 변변치 못했으며 그가 정말 사람들에게 가르치고 싶은 것은 인생에서 성공하는 법에 관한 것이라고 내게 말했다. 그리고 그는 이렇게 물었다.

"어떻게 시작하면 되나?"

놀라웠다! 모든 것이 놀라웠다!

단 5일 만에 내 인생은 180도 달라졌다.

호텔 입구에 차를 세우자, 지난주에 만났던 도어맨 크리스가 엔진을 *끄기도* 전에 차 문을 열어 주었다.

나는 인사를 나누며 내 차를 그 회색 픽업트럭 뒤에 주차해 줄 수 있느냐고 물었다. 기꺼이 그렇게 하겠다고 했다. 그리고 이전에 왔을 때, 일본에 가겠다고 한 말이 정말이냐고 묻자, 그렇다고 했다. 다음에 식사나 같이 하면서 그 얘기를 좀 더 할 수 있겠냐고 청하자, 그는 기꺼이 그렇게 하겠다며 악수를 청했다.

나는 호텔 강연회장으로 들어가, 새로 들어온 다운라인과 그 사람이 데리고 온 예비고객들에게 인사를 나누었다. 그런데 내가 예상했던 것보다 2명이 더 많았다. 그들과 대화를 나누면서 이런 저런 질문을 하는 데, 너무나 열중해 있던 나는 옆에 사람이 와있는

세상에서 가장 위대한 네트워커

것도 알아차리지 못했다. 잠시 대화가 멈추자, 친숙한 목소리가 들려 왔다.

"실례합니다. 얼마나 멋져 보이는지 말씀드리고 싶어서요."

내가 악수를 하려고 손을 내밀었지만 위대한 네트워커는 악수 대신 날 세게 끌어안으며 인사를 했다,

"정말 훌륭 합니다. "어떻게 지내세요?"

"보이는 것보다 더 좋습니다." 내 목소리에는 순수한 기쁨 그 이상의 것이 깃들여 있었다.

그는 머리를 끄덕이더니 예전의 그 큰 웃음을 터뜨렸다. 그리고 활짝 미소 지었다.

"정말로 그런 것 같습니다!"

"내 친구들과 인사 나누시겠어요."내가 말했다.

나는 다운라인과 예비고객들을 소개해 주었고 그들의 얼굴 표정에서 첫 미팅에 위대한 네트워커를 소개받았다는 것만으로도 기대 이상이었다는 것을 알 수 있었다.

그와 얘기를 나누면서, 내가 다운들을 스폰서 함으로써 그들이 얼마나 꿈과 희망을 갖게되었는지 알게 되자, 인정하는 듯한 표정으로 고개를 끄덕여 보였다.

정말 기분이 좋았다!

그는 내 어깨에 손을 얹으며 말했다.

"당신은 정말 빨리 배우는군요. 친구."

"그건 최고의 선생님이 있었기 때문이죠."

"감사합니다."

그가 어깨를 꽉 잡으며 미소 지었다.

"이제, 선생님을 능가할 준비가 되었나요?"

"네."

나는 그의 눈을 보았으나 아무런 표정도 읽을 수 없었다. 나는
눈을 감고 심호흡을 했다. 내 마음속에 영상들이 폭포처럼 쏟아졌
다. 힘이 넘치고 능력 있는 훌륭한 지도자가 되어 멋지게 강연하
는 생생한 영상들이….

눈을 뜨고 다시 그를 보며 말했다.

"좋아요. 미팅이 시작되는군요. 앉읍시다."

미팅은 에너지가 넘쳤고 유머와 웃음이 가득했다. 그런 분위기
는 연사에서 연사로 이어졌고 내가 데리고 온 사람들의 얼굴표정
에서도 미팅에 대한 흥미를 읽을 수 있었다.

마침내, 위대한 네트워커를 소개하자, 청중들로부터 환호성과
휘파람 속에 기립 박수가 터져 나왔다.

그는 갈채에 감사를 표했다. 박수 소리가 멈추고 사람들이 자리

에 앉자, 그는 조용히 청중들을 바라보았다. 사람들 하나 하나의 얼굴을 찬찬히 살펴보는 것 같았다. 그리고 그 위대한 네트워커가 입을 열었다.

"오늘 밤, 나는 여러분에게 성공의 비결을 보여 드릴까 합니다. 지금, 귀 기울여 내 말을 듣고 있다면, 내가 '말씀드린다.'가 아니라, '보여 드린다'고 말했다는 사실을 아실 겁니다. 여러분들은 성공 비결에 대해 수없이 많은 얘기를 들어보았을 겁니다. 어떤 분들은 그런 얘기를 듣는 것만으로 인생에 엄청난 변화를 이루어 내기도 합니다. 하지만 대부분의 경우, 그냥 듣는 것만으로는 충분치가 않습니다. 여기 많은 분들은 성공 비결에 관한 책도 읽어 보셨을 겁니다. 읽은 책에서 많은 것을 얻은 분도 있겠지만, 그러한 정보만으로는 자신이 일하고 살아가는 방식에 심대한 변화를 가져오기에 충분하지 않았을 겁니다."

"어렸을 때, 걷거나 자전거 타는 법을 어떻게 배웠는지 기억하십니까? 여러분들은 누군가가 보여 주어서 배웠을 것입니다.

여러분은 어른들이 걷는 모습을 보았습니다. 그리고 누군가 여러분과 같이 걷고 도와주었습니다. 넘어지면 일으켜 세워 주었죠. 내 손을 잡아 주면서 말입니다. 그리고 얼마 지나지 않아 여러분은 대담하게 발을 내디디며, 걷기 시작하게 되었죠. 마침내 자유롭게 걸을 수 있게 된것입니다.

누군가 여러분을 자전거 위에 올려놓고 떨어지지 않도록, 자전 거 일부분을 잡고 같이 달리면서 연습을 하게 합니다. 그리고 타 는 방법도 보여 줍니다. 타는 방법을 처음 보고 난 몇 분 뒤에 어 쩌면 몇 시간 혹은 며칠 뒤에 그 자전거를 겨우 타게 됩니다. 흔들 거리고 겁이 나지만, 보도를 나서 혼자 힘으로 자전거를 타게 됩 니다. 마침내 자유롭게 타게 됩니다.

두 경우에서 걷고 자전거를 타는 법에 대해 여러분은 많은 걸 알고 있지만, 그 지식만으로는 충분하지 않습니다. 방법에 대해 모든 걸 알고 있는 것 같지만, 그대로 할 수가 없습니다. 아직까지 는 말입니다. 그 정보를 아는 것만으로는 충분치 않다는 것입니 다.

사실, 자신이 알고 있었던 것은 실제로 별 소용이 없는 경우가 많습니다. 이 모든 것을 다시 돌아보면 자신이 몰랐다고 생각했던 것이, 바로 그 비밀이라는 것을 짐작할 수 있을 것입니다.

즉 '자신이 아직 모른다는 그 사실 하나를 알게 되었을 때, 여러 분은 걷고 자전거를 탈 수 있었다는 걸 알 수 있을 것입니다.

아주 신중하게 다시 생각해 보면, 걷는 비밀과 자전거 타기의 비밀은 자신이 아는 것에서 나오는 것이 아님을 발견하게 될 겁니다. 자신이 모른다고 생각했던 것에서 나오는 것도 아닙니다. 그 특별한 비밀은 엄청나게 방대한 지식의 미개척지 어딘가에 살고 있었던 것입니다. 나는 그걸 가리켜 자신이 모르는 것을 모르는 것이라고 합니다."

"내 말이 혼란스럽습니까? 아니기를 바랍니다. 이것은 아주 간단한 개념이지만, 누구라도 쉽게 발견할 수 있는 독창성과 성취에너지의 가장 강력한 원천입니다."

"걷는 것과 자전거 타기는 모두 균형의 문제입니다. 균형은 여러분이 이쪽이나 저쪽으로 움직이는 것처럼 여러분이 '하는 것'입니다. 물론 둘 다 어느 정도의 균형이 요구되지요. 균형은 상태입니다. 여러분은 걷거나 아니면 넘어집니다. 자전거를 타거나 혹은 충돌합니다. 균형이 그 열쇠가 되는 것입니다. 일단 균형 잡힌 상태를 얻고 나면 비밀을 갖게 됩니다. 그 누구도 그것을 빼앗아갈 수 없습니다. 그것은 잃거나 도둑맞을 수 있는 것이 아니기 때문이죠. 그것은 잊혀 지지도 않습니다. 물론 자신이 기억하고 있다는 것을, 기억하지 못하는 순간이 있을 수도 있지만, 그건 오래가지 않습니다."

"그럼, 왜 내가 이런 얘기들을 하는 걸까요? 바로 이 질문을 마음속으로 하고 계신 분들이 있을지도 모릅니다. 몇 분의 얼굴을 보니 그렇군요."

"좋습니다!" 그리고 그의 우렁찬 웃음소리가 방안을 가득 메웠다.

"나는 지금, 보고 배운다는 것에 대해 말씀드리고 있습니다. 모른다는 것을 모르는 것에 관하여… 균형에 관하여… 성공이란, 성공적인 일을 하고 성공을 한다는 균형을 이루는 것과 똑같습니다. 그것은 '존재하고 있는 상태' 입니다.

"성공하거나, 성공하지 못하거나 어느 한쪽이지, 중간이라는 것은 없습니다. 합격하거나 낙제하는 겁니다. 검은 색이나 흰색이지, 회색은 없습니다. 임신했거나, 안 했거나 둘 중에 하나입니다."

"그래서 여러분은 성공했습니까? 그렇습니까, 아닙니까?"

그가 다시 물었다.

"여러분은 성공했습니까?"

그는 말을 잠시 멈추고 청중들을 쭉 둘러보았다. 그때, 나는 내 자신에게 그 질문을 던져 보았다. '나는 성공했는가, 아닌가?'

나는 바로 대답했다. "네.", 그것도 큰소리로.

"'네' 라고 대답하셨죠?" 연단에서 가장 가까운 무대 한쪽으로 다가오며 그가 물었다.

세상에서 가장 위대한 네트워커

"일어나 주시겠습니까?"

나는 자리에서 일어났다.

"정말 훌륭합니다! 성공했군요. 말해 보십시오. 그걸 언제 깨닫게 되었나요?"

"일요일에요."

"바로 지난 일요일 말씀이십니까?"

"네. 바로 지난 일요일이었습니다." 나는 웃으며 말했다

그리고 내 뒤쪽 청중들 사이에서 낄낄거리는 웃음소리를 들을 수 있었다.

"부탁드립니다. 무대 앞으로 나와 무슨 일이 있었는지 얘기 해 주시겠습니까?"

나는 심호흡을 하며 그를 바라보았다. 그는 미소를 지으며 무대 위로 올라오라고 손짓했다. 나는 무대 위로 올라가, 위대한 네트워커 옆에 섰다.

그는 청중들에게 나를 소개하고 우리가 어떻게 만났는지도 설명해 주었다.

바로 1주일 전, 이 무대 앞 청중들이 앉은 맨 뒷자리에 앉아 있던 사람에 대해 얘기해 주었다. 내가 내 사업에 대해 어떤 식으로 설명을 했으며, 내가 어떻게 느끼고 있었는지, 무엇을 계획하고

있었는지, 그러니까 지난 목요일을 '마지막 미팅'으로 생각했다는 것, 이 사업을 그만두려 했다는 것까지 아주 구체적으로 얘기했다.

그리고 청중들에게 내가 이룬 성공에 대해 얘기했다. 새로운 사람들을 스폰서하고 오늘밤 게스트들을 참석하게 한 것도, 그리고 그는 내 게스트들에 대해서도 자세하게 얘기했다.

이 자리에 와 있는 것에 대해 그들이 얼마나 흥분되고 신난 표정을 보였는지, 게스트들과 얘기를 나누었을 때, 그들이 진정한 네트워크 마케팅을 발견하게 되었고, 자신의 가치를 존중하는 사람들과 미팅을 하게 된 것은, 자신들 삶의 목적을 실현시킬 수 있는 방법을 일깨워준, 아주 오랫동안 찾아 헤매던 바로 그것이라는 얘기를 했다는 것이었다.

그에게 얘기했던 내 삶의 목적, 내가 가치 있게 생각하는 것들, 그것이 내게 의미하는 것, 그리고 그런 것들이 내게 준 일들을 사람들에게 얘기했다.

그가 나에 대해 얘기할 때, 너무나 분명하게 드러나는 내 자부심에 감동 받아, 눈물을 흘렸고 안경을 들어올리며 눈물을 닦았다. 그 누구도 나에 대해 자랑스럽게 얘기 한 적이 없었다. 그 누구도 수백 명의 사람들 앞에서 그렇게 내 얘기를 한 적은 단 한 번도 없었다.

그는 말했다. 내가 "··· 그를 감화시켰다."고.

내가 "··· 너무나 자랑스럽다."고.

그는 나를 '젊은 지도자' 라고 불렀다.

"여러분에게 성공 비결을 보여 드리겠다고 약속 했었죠." 한 팔을 내 어깨에 두르고 다른 한 손으로 나를 가리키며 말했다.

"여기 있습니다."

방안의 침묵이 내 귀에는 거대한 포효처럼 들렸고 나를 뚫어지게 바라보는 사람들의 얼굴이 흐릿해졌다.

그리고 마치 둥둥 떠 있는 듯한 기분이 들었다. 하지만, 나는 카펫이 깔린 무대 위에 굳건히 서 있었다.

하나의 영상 이미지가 내 마음속에 들어왔다. 그것은 수정처럼 투명하고, 예리하고, 생생한 모습이었다. 방에는 사람들이 가득했고, 나는 무대 위에서 그 사람들을 보고 있었다. 그들은 일어서서 손뼉을 치며 환호하고 있었다. 그들에게 변화를 일으키는 그 무엇인가를, 그들의 마음을 움직이며 감동시킨 그 무엇인가를, 그들에게 힘과 영감을 불어넣어 준, 나에게 감사를 표하고 있었다.

사람들이 내가 서있는 무대 위로 올라왔다. 그들은 고맙다는 말을 하면서 내 손을 높이 들고 흔들며 환호했다. 내가 한 말과 행동이 그들에게 얼마나 큰 의미를 주었는지 얘기하면서…

특히 한 여성은 내 손을 잡고는 이렇게 말했다. "감사합니다. 내 인생의 목적을 보여 주신데 대해 너무나 감사해요.… 어떻게 하면 나 자신을 믿을 수 있는지 보여 주셔서…"

나는 어깨를 감싸 안은 위대한 네트워커의 팔에서 강한 힘을 느끼면서 내 영화에서 빠져 나왔다. 그는 손을 내리며 몸을 돌려 내 눈을 보고 이렇게 말했다.

"당신은 우리에게 너무나 특별해요. 이제 우리에게 성공을 보여 주세요."

그리고 그는 무대를 내려갔다.

곧바로 청중들이 일어나 박수갈채를 보내고 있었다. 그들은 열광적인 환호를 하며 내 이름을 외치고 있었다. 나는 흥분된 목소리로 "고맙습니다. 감사합니다. 대단히 감사합니다."라고, 말했다. 청중들이 환호하는 뒤쪽 문 옆에 서있는 위대한 네트워커와 시선이 마주쳤다. 나는 환호와 박수 소리 너머, 그의 힘찬 웃음소리를 들을 수 있었다. 그는 손을 흔들며 문을 나갔다.

'나는 너무나 가슴이 벅차 올랐다!'

에필로그

　내가 당신이라면, 그 이후로 어떻게 되었는지 알고 싶을 것이다.

　믿기 어렵겠지만 모든 일들이 성공적으로 펼쳐졌고, 그건 아마 당신의 예상과 아주 많이 비슷할 것이다.

　5년 전 그 목요일 밤은 그 이후 내게 시작된, 수 없이 많은 멋진 밤 가운데 첫날밤이었다. 그 수많은 멋진 밤, 나는 청중들 앞에서 성공하는데 필요한 것이 무엇인가를 보여 주는 강의를 하게 되었고 지금도 그 일을 하며 살아가고 있다.

　내 네트워크 마케팅 사업은 그때부터 번창하기 시작했고 나아가 국제적 조직을 구축하여 활동하고 있다. 나는 지금 세 번째 집필 작업에 힘쓰고 있으며, 첫 두 권은 업계 베스트셀러가 되었다.

　그리고 정확한 계산을 하는 건 거의 불가능하지만, 나는 분명 수백만 명의 삶에 커다란 변화를 일으키는 일에 매진하고 있다. 그건 축복 받은 일이다. 나는 정말 운이 좋은 사람이다.

　내 인생의 모든 부분에서 엄청난 성공을 이루었으며, 내 관계와 파트너십, 특히 내 가족과 친구들은 내 인생의 기쁨과 만족이 시작되는 가장 큰 근원지가 되었다.

나는 이제 부자―백만장자, 아마 지금쯤은 그 두 배쯤은 될 것이다. 나는 한국, 일본, 중국, 호주. 그리고 전에는 꿈에도 생각하지 못한 수많은 곳을 다녀왔다.

그리고 디즈니 월드에도 갔었다. 아이들을 데리고 얼마나 그 곳에 가보고 싶어했는지 기억하는가? 지금은 일 년에 두세 번씩 가곤 한다. 우리 가족과 가는 건 제외하고 말이다.

아내 캐시와 나는 50여명의 아이들을 데리고 그 곳에 가는데, 이 일은 내 네트워크 조직에서 참여하는 프로그램의 일환으로, 우리 도시의 학대받는 아이들을 돕는 일을 하는 것이다. 내 아이들은 그들을 대접하는 도우미 역할을 하는데, 그 일을 너무나 좋아한다! 나도 마찬가지다. 동화 같은 이야기다.

내가 아무런 문제도 없어 보인다고?…

절대 그렇지 않다! 사실, 내가 짊어져야 할 몫보다 더 많은 문제가 있었다. 어떤 문제인가 하면, 내 꿈과 성취가 커져감에 따라, 앞에 나타나는 걸림돌도 더 커져가고 있다는 사실이 놀라웠다.

하지만 나는 내가 배운 그 어떤 교훈보다도 나에게 더 많은 자유를 가져다 준 일생의 교훈을 얻었다.

'문제는 나쁘다'

문제는 나쁘다는 말은 그냥 우리가 생각하는 것이 아니다. 그것은 우리가 갖는 느낌이나 지혜도 아니고, 우리가 신봉하는 진실도 아니다. 그것은 인간 삶의 방식이다.

대개, 물고기는 자기가 헤엄쳐 다니는 물의 존재를 인식하지 못하는 것처럼, 우리도 그것에 대해 인식하지 못한다.

문제는 나쁘다. 그것은 원래 그런 것이다. 그것이 우리 인간인 것이다. 우리는 태어나고… 숨쉬고… 먹고… 자고… 문제는 나쁘다.

하지만, 만약 문제가 좋거나 나쁜 것이 아니라면 어떨까? 그냥 있는 그대로일 뿐이라면? 문제는 일상적으로 일어나는 일이기 때문에, 우리가 원하는 상태로, 언제 어떤 문제라도 자신이 원하는 상태로, 자신에게 도움이 되고 힘을 주는 것으로 만들 수 있다면 어떻게 될까?

'문제'가 발생할 때마다, 재미있다고 생각하기로 한다면?

어느 한 순간, '문제는 나쁘다'는 생각에 지쳐 버렸을 때, 나는 리처드 바흐가 그의 훌륭한 책, 〈환상(Illusions)〉에서 묘사한 것처럼 하기로 결심했다:

당신에게 줄 선물을 손에 들지 않고 찾아오는 문제는 없다.

당신은 그 선물이 필요하기 때문에 문제를 찾는 것이다.

문제를 선물로 보기 시작한 그 날, 내 인생은 1년 365일이 크리스마스이며 내 생일이 되었다!

사실, 내가 세상에서 가장 위대한 네트워커를 만난 운명적인 그 날 밤 이후로 내게 찾아온 그 모든 것이 믿기 어려운 선물 이야기로 또 다시 책 한 권을 메울 수도 있다.

내가 결국 그의 집을 샀을까? 그렇다. 난 그 집을 샀다.

그와 내가 아주 오래 전에 그랬던 것처럼, 내가 그의 사무실 겸 서재에 앉아 젊은 여인과 얘기하는 모습을 상상하던 것을 아마 기억할 것이다. 이제 그런 일은 아주 흔하게 일어나고 있다.

그리고 그와 내가 서로 만날까? 물론이다. 그와 우리 가족은 상당히 가까이 지내고 있다. 그와 레이첼은 2년 전쯤 하와이 섬에 있는 카우리 대농원으로 이사를 갔다. 우리는 매년 그곳에서 그들과 함께 크리스마스를 보낸다.

바비는 독일 학교에서 공부하고 있으며 레베카는 대학에 가지 않기로 하여 버지니아의 어느 말을 기르는 곳에서 승마를 가르치고 있다. 카쥬코는 일본에 있는 도시 나라와 하와이를 왕래하고 있다. 모두 건강하고 행복하게 잘 지내고 있다.

당신이 기대하는 그대로이다.

이 책을 쓰기 시작했을 때, 실제로 일어난 것처럼 일을 웬만큼 잘할 수 있기를 바랐다.

지금 나는 그렇게 한 것으로 믿고 있다. 하지만 여전히 의문은 있다. 나는 궁금하다. 당신은 한 점의 의심도 없이, 믿음의 습관을 바꿀 수 있는 자신의 경이로운 힘을 확신하는가?

그렇게 하는 것이 자신의 인생에, 그리고 자신이 마주치게 될 수많은 사람들의 삶에 얼마나 큰 영향을 줄 것인지 충분히, 완전히 이해하는가?

나는 진심으로 그 대답이 '예스' 이기를 바란다. 자신이 가능하다고 믿는 그런 모습의 삶을 사는 데 필요한, 엄청난 창조적 힘과 자유를 자신이 가지고 있다는 사실을 이해했다는 대답 말이다.

친하게 지내며 같이 일할 위대한 네트워커가 자기 주변에 없다는 것도 알고 있다. 그래도 괜찮다. 당신에게는 이 책이 있다. 뿐만 아니라 다른 훌륭한 책, 테이프, 그리고 이 성공 비결을 터득한 놀라운 사람들이 있다. 그들은 사실 곳곳에 숨어 있다. 그들의 삶은 열정을 다해 그 성공의 비밀을 드러내 보이고 있다.

이 세상에 많은 정신적 지도자들이 곳곳에서, 그저 당신에게 도움 줄 수 있기를 기다리고 있다. 당신이 할 일은 그저 준비되었다는 것을 공표 하는 것뿐이다. 그러면 그들이 즉시 나타날 것이다.

"학생이 준비되었을 때…." 스승님은 나타난다는 사실을 기억하시기 바랍니다.

내 책을 끝까지 읽어 주신것에 대해 감사를 표합니다.

그리고 너무나 큰 도움이 된, '배움에 대한 한 가지 간단한 비밀'을 알려 주고 싶다. 이제 이 책을 다 읽었으니, 다시 한 번 읽어라. 그리고 나서 이 책을 세 번 읽어라. 처음 가장 위대한 네트워커의 집에서 토요일 아침. 〈아이들 코치하기(Coaching Kids)〉라는 책을 본 이후로, 나는 그 책을 최소한 20번은 읽었다. 그리고 읽을 때마다 매번 새로운 것을 배웠다.

이 책을 다시 읽을 때는 그것을 인생의 방향 등으로 사용하라. 각 페이지마다 생각, 느낌, 경험들이 '잘 쓰여져' 있다.

자기 자신의 생각, 느낌, 경험 속에 숨어있는 작은 보물이 놓인 미로를 비추는 새로운 빛이 될 것이다. 아직 모습을 드러나지 않은 정신적 지도자처럼, 발견되기만을 기다리고 있다.

그리고 나서, 자문해 보라.

"다음 단계는 뭐지?"

한 가지 더 있다. 우리 사업에서 어떤 사람을 마주치게 되면, 그러니까, 자신이 '모르는 것을 모르는 것'을 찾아 나설 준비가 되어 있는 그런 사람을 만나게 되면, 이 책을 한 권 선물 하라. 그 날이 바로 그들의 삶을 완전히, 영원히 변화시키는 그런 날이 될지도 모른다.

행복을 빌며….

세상에서 가장 위대한 네트워커

저자에 관하여

6년 전, 새로 시작한 네트워크 마케팅 사업을 구축하느라 바쁜 나날을 보내던 중, 오랜 친구에게서 전화 한 통을 받았다.

그도 내가 일하던 회사에 막 들어오게 되었는데, 혹시, 내 다운라인 조직에 자기가 들어 있는지 알고 싶다는 것이었다.

애석하게도, 아니라는 것을 알려 주며, 내가 이렇게 말했다.

"… 그럼, 내가 자네한테 한 가지 제안을 하지. 우리 같이 일을 하는 거야. 이 사업에 대해 내가 알고 있는 것을 자네에게 다 얘기해 주고, 자네도 이 사업에 대해 알고 있는 것을 나에게 얘기해 주는 거야. 내가 장담하건대, 그만한 가치가 있을 거야. 어떤가?"

난 그것이 멋진 아이디어였다고 생각했다. 지금도 그렇다. 그것은 지금껏 내 인생에 가장 많은 결과를 가져온 파트너 관계였다.

그는 내 네트워크 조직 구축을 도왔고, 이제 내 조직은 무한한 만족과 성취의 원천이 되고 있다. 물론 8자리 수입과 함께 말이다. 우리는 서로 도와 업계 저널 〈업 라인〉을 만들어 냈다. 업 라인은 우리 둘 모두의 기쁨이다. 그리고 나는 그가 책 쓰는 것을 도왔다. 그 책을 출판하기 전에, 내가 아는 사람들에게 몰래 보여 준 필사본은 그들의 삶과 네트워크 사업에 엄청난 변화를 일으키고 있었다.

그것은 많은 결실을 낳게 한 한통의 전화였다.

27년! 오늘까지 내 평생의 거의 절반이다. 부모와 형제자매를 빼고 나는 존 밀튼포그를 이 세상, 그 누구보다 오래 알아 왔다. 그는 지금도 내 인생에서 중요한 일부분을 차지하고 있다.

그 한 통의 전화를 받은 이후부터, 존은 내 네트워크 마케팅 사업의 금속 탐지기 노릇을 해 왔다. 그는 '저 밖'에 가치 있는 것(확실한 것, 고도의 전도 물질)이 어디 있는지 찾아내고, 그것을 다시 끝없는 통찰력으로 다시 걸러 내는 레이더 같은 요령이 있다. 그는 '금'을 찾는 탐광자이며, 그가 냄비에 가져가는 대부분은 모두 순금이다.

그는 자신의 타고난 재능이 위대한 교육자가 아니라, '훌륭한 학생'이 되는데 있다고 주장하는 것을 자주 들었다. 하지만 나는 그 선을 정확히 어디에 그어야 할지 모르겠다.

그냥 고기를 잡아 한 끼 식사를 주는 것보다는 고기 잡는 법을 가르쳐 평생 먹을 것을 얻을 수 있도록 하는 것이 훨씬 더 큰 선물이라는 말이 있다. 존은 나에게 온갖 고기를 다 잡게 해 주었고, 그가 잡는 최고의 고기까지도 내게 던져 주고 있다. 나는 넘칠 정도로 받았

세상에서 가장 위대한 네트워커

으며 그걸 쫓아가려면 해산물 식당 체인을 하나 오픈해야 할 것이다.(신선한 해물 요리를 네트워크 마케팅 사업으로 할 수 있을지는 의문이지만 말이다.)

다행히, 존 밀튼에게서 낚싯대와 어망을 넘겨받은 것은 행운이었다. 〈업 라인〉을 통해 수많은 사람들이 매달 낚시하는 법을 배운다. 존은 업계의 베스트셀러, 뉴스레터, 교육 자료, 홍보물 뒤에서 숨겨진 인물(다르게는 '유령 작가'라고 알려져 있다)이다.

내가 꼭 말하고 싶은 것은 이 책에서 상당 부분 포그의 자서전적 내용이 들어 있다는 것이다. 그는 미술 학사 학위를 가졌고, 자연 식품과 마케팅 경력이 있으며, 일본 문화와 목욕, 시골 생활, '실행 수첩', 사람들의 가치를 드러내어 그것을 발현하도록 도와주는 일, 아이들 운동 코치하기, 그리고 공작을 사랑하고, 이 모든 것은 포그 스타일이다.

그의 '작품 속' 캐릭터처럼, 존은 "…수백만 명의 삶에 큰 변화를 일으키는 일에 매진하고 있다."

그의 파트너가 된 나는 대단히 운 좋은 사람이라 생각한다.

– 존 데이비드만 –

세상에서 가장 위대한 네트워커

감사의 글

"와… 나는 그저 뭐라 해야 할지 모르겠어요. 너무나 예상치 못한 일이라…. 우선, 아카데미에 감사 드리고 싶습니다."

나는 언제나 생각했다. 내가 오스카상을 타게 되면, 사람들은 나를 발로 차고 소리를 지르며 무대에서 끌어내려야 할거라고. 감사해야 할 사람들이 너무나 많고, 또 그 한 사람, 한 사람에게 왜 감사해야 하는지에 대한 이야기를 다 풀어내려고 고집을 피울 테니까 말이다.

그럼 이제 그 얘기를 해보겠다.

무엇보다도, 나는 나 자신에게 감사하고 싶다.

이상한 일이다. 안 그런가? 하지만 그게 내 마음속에 가장 먼저 떠오르는 인사다. 지금까지 살아오면서 나는 나 자신에게 별로 감사를 표하지 못했다. 그래서 지금 그 일을 하려 한다. '존, 자네가 나에게 영감을 주었지. 고맙네.'

이 책의 거의 모든 페이지에서 내 아이들, 레이첼, 장인어른, 카쥬코를 찾아볼 수 있을 것이다. 그들이 내게 준 도움, 결국 이 책에 준 도움에 진심으로 감사한다. 그들은 곧 나 자신이며, 내게 가장 소중한 사람들이다.